W0073952

Knut Wenzel

„Hört, ihr Himmel, ich will reden"

Knut Wenzel

„Hört, ihr Himmel, ich will reden"

Theologie aus den Krisen in Kirche und Welt

HERDER

FREIBURG · BASEL · WIEN

© Verlag Herder GmbH, Freiburg im Breisgau 2023
Alle Rechte vorbehalten
www.herder.de
Umschlaggestaltung: Verlag Herder
Umschlagmotiv: © stellalevi / GettyImages
Satz: SatzWeise, Bad Wünnenberg
Herstellung: GGP Media GmbH, Pößneck
Printed in Germany
ISBN Print 978-3-451-39609-0
ISBN E-Book (PDF) 978-3-451-83133-1

Inhalt

Inhalt

Einleitung

> Das Leben Gottes: jenes Spielen der Liebe
> mit sich selbst, das durch den Ernst, den
> Schmerz, die Geduld, die Arbeit des
> Negativen hindurch geht.
>
> *nach Hegel*

„Sie erschrak": das ist die erste Reaktion der Maria auf die Anrede durch den Engel.[1] Oft und oft ist diese später so genannte Verkündigungsszene gemalt worden, manche Darstellungen haben das Erschrecken Mariens, das nicht nur dem Auftauchen eines Fremden gilt, sondern der Zumutung seiner Botschaft, sie werde den „Sohn des Höchsten"[2] gebären, ins Bild gebracht – die in ein und derselben Bewegung sich der Botschaft zuwendende und vor ihr fliehende Maria Sandro Botticellis; die hoch elegante Maria Orazio Gentileschis, mit demütig geneigtem Kopf und abwehrend erhobener Hand. Und in Gentileschis Bild deutet der Engel auf einen monumentalen brokatroten Vorhang hinter und über Maria, dessen schwerer Faltenwurf die Gestalt des Gekreuzigten zur Kenntlichkeit verhüllt. Der Kreuzestod Christi, eingetragen in die Verkündigung. Das Christentum ist eine Religion der Krise. Offenkundig wird das bei einer Verdichtung der Erzählung des Christentums zu einem einzigen Satz in telegrammartiger Punktierung: *Der Sohn Gottes – geboren zu einem Menschen – durch eine Jungfrau – das Heil wirkend – durch den Martertod am Kreuz.*

Das Christentum ist nicht die Religion, die das Leid übersieht, verdrängt oder wegtherapiert. Das Christentum

ist – in der Tiefenschärfe der gesamten biblischen Überlie-
ferung und deswegen in enger Nachbarschaft zum Juden-
tum – die Religion, die das Leid, die Not, die Brüche und
Konflikte dieser Welt benennt, exponiert, symbolisiert: zu
jenem negativen Zentrum macht, durch das hindurch
allein Heil geschehen kann. Dafür, dass Leid in ihr ist, wird
die Welt nicht verachtet. Das Leid symbolisieren: ihm eine
signifikante Gestalt geben – im Kreuz, aber auch in den
vielen Leiderzählungen (sogar auch: Liedern, Hymnen des
Leids), die in die biblische Tradition aufgenommen worden sind. Durch seine Symbolisierung wird das Leid be-
redt: es steht nicht mehr nur für sich – das freilich auch
und sogar zuerst –, es spricht von der in einem verletzen-
den Ausmaß noch unvollendeten Welt. Das Kreuz ist als
Zentralsymbol des Christentums solange triftig, wie es im
Selbstvollzug der Welt zu Opfern kommt.

Eine Reflexion auf die Inhaltsbestimmungen des christlichen Glaubens kann es sich folglich ohnehin nicht einfach machen. Nun kommt aber hinzu, dass das Christentum in seiner kirchlichen Fassung sich selbst in die Krise
des spirituellen und sexuellen Missbrauchs gestürzt hat.
Die Krise ist aus der *epistēmē* des Christentums in den Zustand der Kirche hineingespiegelt worden. Dem Erschrecken Marias ist das Gewicht einer ekklesialen Dimension
zugewachsen, hat die Tradition ihr doch den Titel „Mutter
der Kirche" zugesprochen, und hat Papst Johannes Paul II.
doch diesen Titel unmittelbar auf die geistgewirkte Geburt
des Gottessohns durch Maria zurückgebunden.[3] Der Missbrauch verstellt für viele Menschen, vor allem, aber nicht
nur, für die durch ihn Betroffenen, den Zugang zum Bedeutungskern des christlichen Glaubens. Sie sind verunsichert,
verstört, erschreckt und wissen nicht mehr recht, wie jetzt

noch diesen Glauben in seinem Gehalt erreichen, wie nach ihm greifen, wie ihn begreifen.

Darauf will dieses Buch eingehen. Es will keine Analyse der Missbrauchs- und anderer Krise/n bieten. Hierzu liegt vielfältige und relevante Literatur vor. Es stellt einen tastenden Versuch dar, aus der Krise heraus den Bedeutungskern des christlichen Glaubens von neuem so zu erfassen, dass sowohl den Krisenerfahrungen der Menschen Gerechtigkeit widerfährt als auch ihr Bedürfnis nach einer neuen Erschließung des christlichen Glaubens aufgenommen wird: Theologie in den Krisen, aus ihnen heraus.

Kern des Buchs ist der in Kapitel II enthaltene Text. Er ist im Zusammenhang eines ambitionierten Prozesses zur Aufarbeitung der Missbrauchskrise im Bistum Limburg entstanden, eines Prozesses, dem ausdrücklich der Arbeitsauftrag zur Suche nach einer neuen Theologie mitgegeben worden ist, die in Resonanz auf die Krisenerfahrungen neue Zugänge zum Bedeutungsreservoir des christlichen Glaubens erschließt.

Die folgenden Kapitel ziehen das hier konzentriert Dargelegte weiter in Hinsicht auf den Menschen (Kapitel III), auf Gott (Kapitel V), auf die Kirche (Kapitel VI) aus. Dabei sind die Kapitel zu Spiritualität[4] und Offenbarung spiegelbildlich aufeinander bezogen. Um die das Gott-Mensch-Verhältnis bestimmende Dramatik zur Geltung zu bringen, ist zwischen sie ein Kapitel über die Anstößigkeit des Kreuzes eingefügt. Tertullian hat in einem klassisch gewordenen Diktum die konkrete Existenz des Menschen zum „Angelpunkt des Heils" erklärt.[5] Entsprechend wird hier durch den Aufbau des Buchs das Kreuz als christlicher Angelpunkt des Gott-Mensch-Verhältnisses vorgestellt. Bei der Entfaltung des in Kapitel II Verdichteten hat sich die Verletzlichkeit des Glaubenssubjekts als Leitgedanke herauskristallisiert. Vulnerabel ist das spirituelle Selbst in einer prekären Gottesbeziehung. Die Kirche wird abschließend in all ihrer ambivalenten Spannung zwischen Sündigkeit und Heiligkeit normativ als sozio-historischer Ort der Ermöglichung dieses fragilen Sich-Beziehens des Menschen auf den Realen Absoluten gezeichnet (Kapitel VI).

Dem vorgeschaltet ist eine Stellungnahme zu Kirche und Theologie in der Pandemie (Kapitel I): Sowohl in der Schließung der Kirchen im Lockdown – mit dem Alternativangebot gestreamter Eucharistiefeiern, die allein den agierenden Priester zeigten und so ein katastrophal klerikalistisches Bild von Kirche repristinierten – als auch in der theologischen Einordnung der Pandemie ins Paradigma der Theodizee – zwischen dem schwachen und dem strafenden Gott – zeigte sich im Scheitern *ex negativo*, wie anspruchsvoll kirchliches und theologisches Agieren in den Krisen eigentlich ist.

„Hört, ihr Himmel, ich will reden": Das ist der Eröffnungsvers der letzten Rede des Mose vor seinem Tod, es ist die Eröffnung eines Psalms.[6] Der enthält in literarisch-hymnischer Gestalt eine vertraute Mischung aus Preis des Herrn und Mahnung des Volks: Es ist als hätten die Verfasser dem Mose eine standardisierte Theologie in den Mund gelegt, um sie noch einmal mit höchster Autorität zu versehen. Sie interessiert hier nicht, es sei denn als Exempel dafür, wie die Theologie nicht in die Zukunft geführt werden kann. Es ist allein der im Eröffnungsvers artikulierte Grundgestus: „Hört, ihr Himmel, ich will reden." Mose spricht zu den Menschen, aber er ruft dazu den in den Himmeln verborgenen Gott an. Die Angelegenheiten der Menschen sind so ernst zu nehmen, dass sie in den Horizont des Unendlichen zu rücken sind. Eigentlich ist das die basale Aufgabenbestimmung von Theologie:

Von der Welt zu sprechen, im Horizont des Absoluten. Jedenfalls haben es die Menschen in den Krisen von Welt und Kirche verdient, dass ihre Not in diesem Horizont, mithin theologisch, bedacht wird.

* * *

Früher gab es den Brauch, theologische Bücher in Vorworten oder Einleitungen abschließend auf das Fest einer Heiligen oder eines Heiligen oder auf ein kirchliches Fest zu datieren. Dieses Buch erscheint zufällig in den Tagen des Fests Mariä Himmelfahrt, eine Koinzidenz, die mich freut: Solange die Kirche das Fest der leiblichen Aufnahme Mariens in den Himmel feiert, hält sie uns die Möglichkeit eines Auswegs vor Augen – nicht aus diesem, sondern für dieses je konkrete, leibliche, endliche, bedrohte und doch unbedingt wertvolle Leben.

Anmerkungen

[1] Vgl. Lk 1,29.

[2] Lk 1,32.

[3] Vgl. Papst Johannes Paul II., Enzyklika *Redemptor hominis* (1979), 22.

[4] Eine kürzere und sozusagen undramatischere Version der in diesem Kapitel formulierten Gedanken findet sich in: Knut Wenzel, *„Atme in mir": Überlegungen zum katholischen Begriff von Spiritualität*, in: Geist und Leben 96(2023), 166–174.

[5] *Caro cardo salutis* („Das Fleisch ist der Angelpunkt des Heils"): Tertullian, *resurr.* 8.

[6] Dtn 32,1.

I Das schwache Licht der Transzendenz: Der Gottesgedanke in Zeiten der Pandemie

Dass die Kirchen den Lockdown willig in ein komplettes Einstellen ihrer liturgischen Tätigkeit ummünzten, war ein zentrales Organversagen. Als dann in Streaming-Gottesdiensten Priester vor starrer Kamera allein vor sich hin zelebrierten, schien die „Liturgie" des Freud'schen Witzes am Werk, der zufolge im Unabsichtlichen das Wahre sich verrät; hier: die online-Auferstehung der Kirchen im Bild ihres notorischen und nun auch offenkundig absurden Klerikalismus. Der Papst zur Osternacht allein im Petersdom – braucht es mehr als solch ein niederschmetterndes Bild? Wäre damit das Zentralversagen nicht schon empörend genug, wurde es auch noch zur Farce, als sich die Großkirchen ausgerechnet von evangelikalen und rechtskatholischen Gemeinden die Zentralität der liturgischen Feier für das kirchliche Selbstverständnis vorführen lassen mussten.

Wären da nicht die vielen Pfarrgemeinden, die vor allem während der Karwoche und den Ostertagen vielgestaltige Weisen ersonnen und praktiziert haben, Orte und Zeiten der wenigstens symbolischen Berührung des in der Liturgie gefeierten Geheimnisses zu schaffen. Und hätte sich nicht im Malstrom der Pandemie, der ganze Gesellschaften in seinen Bann zog und abertausende Menschen verschlang – hätte sich hier nicht an der Stelle des Zentralversagens der Kirchen ein Vakuum aufgetan, als formte sich ein stummes Verlangen, eine schweigende Erwartung: dass die Pandemie in den Horizont Gottes gerückt werden würde. Nicht dass in Zeiten der Not eine säkulare Gesellschaft wieder fromm werden würde. Doch auch sie mag das ihr vielleicht selbst nicht erklärliche – und dennoch legitime – Bedürfnis entwickeln, eine große Katastrophe in einem umfassenden, einem umfassenderen Zusammenhang zu sehen.

Schnell zeigt sich dann freilich, dass der Gottesgedanke – der je umfassendere Zusammenhang – keine Beruhigung bereithält. So, wie er im Bedeutungsfeld zwischen Jerusalem und Athen entwickelt worden ist, handelt es sich um einen Reflexionsbegriff: mit jeder Beanspruchung Gottes im Zusammenhang einer existentiellen menschlichen Not fragt sich von neuem, wer dieser Gott eigentlich sei: Wer ist Gott, angesichts eines pandemisch gewordenen Leids?

Das Dilemma der Theodizee besteht darin, dass sie voraussetzen muss, was doch zu verteidigen sie aufgeboten wird: dass die Gottesannahme noch irgendeine Bedeutung hat, dass noch eine signifikante Anzahl Menschen meint, ohne die Gottesannahme keine Aussicht auf einen umfassenden Begriff ihrer – der? – Wirklichkeit zu haben. Selbst wenn dies, eine integrale Erfassung der Welt, faktisch nicht durchführbar ist, macht es, was die Gottesfrage angeht, genau den Unterschied aus, ob für eine vollständige Beschreibung der Wirklichkeit – sei dies nun realisierbar oder nicht – die Gottesannahme für prinzipiell notwendig erachtet wird oder nicht. Diese Alternative gibt es aber erst neuzeitlich, weswegen bei aller Familienähnlichkeit Theodizee streng genommen erst mit Leibniz da ist und nicht schon bei Hiob. Immerhin kommt es im Buch Hiob am Ende zu einer entscheidenden Konfrontation zwischen der Klage führenden Titelfigur und Gott selbst. Wir Bewohner der Doppelepoche von Neuzeit und Moderne hingegen werden die „Rechtfertigung Gottes" – denn das bedeutet Theodizee – voraussichtlich unter uns, ohne göttliche Intervention, aushandeln müssen.

Die Redlichkeit verlangt das Eingeständnis, dass eine unbefangene theologische Erörterung der Gottesfrage in einer säkularen Öffentlichkeit sich nicht (mehr) von selbst verstehen kann, weil sie die säkular keineswegs mehr durchgängig geteilte Überzeugung voraussetzt: *God matters*. Für die Theologie muss daraus folgen, die säkulare Öffentlichkeit nicht als Publikum der eigenen Selbstinszenierung zu beanspruchen, sondern einen Beitrag zu ihrer Selbstverständigung zu erbringen. Eine theologische Diskretion sowohl gegenüber den in der Pandemie Leidenden als auch gegenüber Gott verbietet es zudem, das zu tun, was religiöse Verkündigung oft und oft getan hat: die Krise zu nutzen, um den Gottesgedanken zu promoten, in der Regel als Demütigung der Menschen in ihrer Selbstachtung. Als wären persönliches Leid, suspendierte Grundrechte, soziale Torsionen und globale ökonomische Zusammenbrüche nicht für sich genug: wozu dem noch den Vorwurf der Schuld aufbürden, für die all das an Leid und Not Strafe wäre, göttlich verhängt? Die Rationalisierung von Leid als Strafe für Schuld verfängt längst nicht mehr: seit dem Buch Hiob. Stattdessen bricht sich das Bewusstsein eines unausgleichbaren Spalts zwischen Moralität und Lebensglück Bahn: die Klage des Psalmisten, dass es dem Frevler gut geht und dem Frommen schlecht,[1] legt eine Spur bis hinauf zu Immanuel Kants Postulat der Existenz Gottes; diesem allein wäre solch unmöglicher Ausgleich zuzutrauen.[2]

Es ist verführerisch, auf die Theodizee-Frage – wie kommt das Übel in die Welt, wie kann es nicht zu rechtfertigendes Leid geben, wenn Gott doch sowohl gut als

auch allmächtig ist – zu antworten, indem die Zuschreibung von Allmacht gestrichen wird. Übrig bliebe ein Gott,
der gut ist – und schwach. Das lässt ihn sympathisch erscheinen; ein solcher Gott erweckt Mitleid – aber verdient
er religiöse Anbetung? Auch wird so die Theodizee-Frage
eigentlich nicht beantwortet; sie wird nur um eine ihrer
Grundbestimmungen gekürzt.

Religiöser Glaube in theistischer Prägung gründet sich
auf einen handlungsfähigen Gott; solcher Glaube kann
sich nicht entzünden, wenn es von vornherein ausgeschlos-
sen ist, dass Gott antwortet, eingreift, hilft. Die alt- und
anders bekannte Frage „Wozu beten?" stellt sich hier mit
radikaler Schärfe. Auch wäre Kants Gottespostulat sinn-
los: ein sympathisch schwacher Gott kann die Kluft zwischen Moralität und Lebensglück nicht schließen. Der
theistische Gottesgedanke rechnet mit einem handlungsfähigen Gott. Der Monotheismus war in der Geschichte
seiner Herausschälung von dem Interesse angetrieben, die
Handlungsfähigkeit Gottes absolut zu denken: über alle
Bedingtheit hinaus – ist sie Allmacht. Das Konzept von
einem allmächtigen Gott denkt ihn als allen Bedingungen
vorausgehend. Damit wird nicht nur Gott als unbedingt
gedacht, sondern zugleich alle Wirklichkeit, die Gesamt-
heit dessen, was ist – das „Sein" – relativiert. Die Sorge
um den unverkürzten biblisch-jüdischen Gottesgedanken
hat deswegen Emmanuel Levinas zu der Formulierung gebracht: „Jenseits des Seins oder anders als Sein geschieht".[3]

In ihrem Bedeutungskern ist die Theodizee-Frage intellektueller Ausdruck der Empörung über die Realität des
ungerechten Leids. Die Allmacht Gottes bedeutet auch
dessen prinzipielle Relativierung. Wer sie streicht, über-
lässt dem Unheil das letzte Wort. Eine Theologie des nur

schwachen Gottes handelt sich ungewollt etwas Unfrommes ein.

Wie also die Theodizee denken? – Nicht zu Ende jedenfalls. Aporie – Weglosigkeit – ist das Bild für ein Denken, das zu keinem Ende kommt und doch gedacht werden muss. Heinz Robert Schlette hat vor langem schon die Nähe zwischen religiöser Glaubensoption und aporetischem Denken herausgestellt.[4] Hier drei Denkweisen im Modus des Aporetischen, die einer säkularen Öffentlichkeit, die der Theologie Rederecht einräumt, sicher die letzte Antwort vorenthalten müssen:

Paul Ricœur ist öfter auf das Buch Hiob zurückgekommen, manchmal in knappen, verdichteten Passagen. Seine Interpretation in aller Kürze: In der das Buch abschließenden Konfrontation Hiobs mit Gott wird dem Gehalt seiner Klage Recht gegeben: sein Leid ist grundlos, ungerecht. Die eigentliche Hiob-Frage – „Warum ... ?" – bleibt ohne Antwort. Gottes Vorwurf gegen Hiob zielt auf die Dimension seiner Klage: Indem Hiob Gott um sein Leid verklagt, totalisiert er es. Indem er sein Leid in die Proportion Gottes versetzt, lässt er es zur letztbestimmenden Macht über seine Existenz werden. Dass von irgendwoher und unausrechenbar doch noch ein Lichtstrahl des Sinns in das Dunkel der Sinnlosigkeit fällt, *against all odds*, ist für die absolut gewordene Klage keine Möglichkeit mehr. Die Klage muss sich aus sich selbst begrenzen; ist sie die Artikulation der Unerträglichkeit des Leids, muss sie der Möglichkeit des Einbruchs eines rettenden Sinns Raum lassen. An Gott zu glauben wird durch die Erfahrung sinnlosen Leids zugleich unmöglich und notwendig. Unmöglich wird die Unterstellung eines immer schon gegebenen Sinns; notwendig wird die Offenheit für einen vielleicht, wer weiß, doch noch sich einstellenden Sinn. Die Situation Hiobs, über den Sinn seines Leids keinen Aufschluss zu haben, kehrt in den Schriften der frühen Christen wieder: Unrechtes Leid, das nicht abgewendet werden kann, zu ertragen, eine Last mithin zu tragen, die eigentlich zu schwer ist, nennt der erste Petrusbrief „Gnade".[5] Norbert Brox hat den Text in seinem exegetischen Kommentar durchgängig von einer „Logik der Gnade" getragen gesehen.[6]

Der biblische Gott durchläuft eine Geschichte der Transformationen; der aus Gerechtigkeit strafende, aus Liebe zürnende wird zu einem melancholischen Gott, der kein Unheil, nicht Sintflut noch Plagen, über die Menschen bringt, dem nur noch bleibt, das Unheil, das die Menschen selber über sich und die Welt bringen, zu bezeugen und gewissermaßen notariell festzuhalten.[7] Was ihn melancholisch werden lässt? – Dass er sich vorbehaltlos auf seine Schöpfung – und das heißt zunächst auf die Menschen in ihr – eingelassen hat. Er bestimmt seine Allmacht zu unbedingter Liebe. *Bad Case Of Loving You*: kein Psalm, nur ein Pop-Song,[8] der aber den Kern dieser Menschenliebe Gottes trifft. Mit einem Amalgam aus mystischem Paradox und der Nonchalance des Pop könnte sie als *mighty surrender* bezeichnet werden: jene machtvolle Selbstübergabe, mit der Gott sich zum Sklaven erniedrigt, indem er den Tod des Menschen Jesus mitstirbt.[9] Der Gott Jesu ist nicht schwach. Doch am Kreuz, Werkzeug und Zeichen menschlicher Zerstörungsmacht, bestimmt er seine Macht zu einer negativistischen Präsenz. Edward Schillebeeckx hat dies in einer Theologie der „wehrlosen Übermacht Gottes" entfaltet.[10] Ein die menschliche Vernichtungsmacht machtvoll besiegender Gott würde sie dadurch nur bestätigen; der wehrlose Gott lässt sie ins Leere laufen und entwaffnet sie so. Gottes Allmacht präsentiert sich am Kreuz als De-Legitimation aller Macht.

Am Ende gilt aber: Keiner Theorie, und sei sie noch so ausgefuchst, kann dieser Gott passgerecht eingefügt werden – wenn anders er nicht komplett verfehlt werden soll. Das hat Martin Luther durch den Gedanken vom *Deus absconditus*, dem verborgenen Gott, der Theologie mit scharfem Strich eingezeichnet (1525). In der Folge ist dies dunkel ausgemalt worden, bis zur Abgründigkeit Gottes. Diese als absolute Unverfügbarkeit Gottes aufzufassen, entspräche der vorhin genannten theologischen Diskretion besser, als aus ihr doch wieder das Drohbild eines pandemischen Vergeltungsgottes heraufzubeschwören. Auch in seiner Selbst-Offenbarung bleibt Gott Geheimnis[11] – wie schlussendlich jeder Mensch auch.

Ist die Liturgie nicht, gerade als Ritual, jene entlastende Begegnung von Mensch und Gott, die beiden wie ein zwangloses Gespräch ihr Geheimnis belässt?

Anmerkungen

[1] Vgl. Ps 73.

[2] Vgl. Immanuel Kant, *Über das Misslingen aller philosophischen Versuche in der Theodicee,* AA VIII, 257.

[3] Vgl. Emmanuel Lévinas, *Jenseits des Seins oder anders als Sein geschieht,* Freiburg 1992.

[4] Vgl. Heinz Robert Schlette, *Aporie und Glaube. Schriften zur Philosophie und Theologie,* München 1970.

[5] Vgl. 1Petr 2,19.

[6] Vgl. Norbert Brox, *Der erste Petrusbrief,* Zürich 1979.

[7] Vgl. Jer 7,11.

[8] Moon Martin, *Bad Case Of Lovin' You,* Single, 1978.

[9] Vgl. Phil 2,6–8.

10 Vgl. Edward Schillebeeckx, *Overwegingen rond Gods „weerloze overmacht"*, in: Tijdschrift voor theologie 27(1987), 370–381.

11 Vgl. Karl Rahner, *Über den Begriff des Geheimnisses in der katholischen Theologie* (1959), in: Ders., Sämtliche Werke, Bd. 12, Freiburg 2005, 101–135.

II Wozu noch Theologie –
angesichts des Missbrauchs

Die Gebrochenheit des
Glaubensbewusstseins Vieler

„Theologie – braucht es nicht": so groß sind Enttäu-
schung, Empörung, Fassungslosigkeit angesichts des systemischen geistlichen und sexuellen Missbrauchs in der katholischen Kirche, dass die Theologie in Mithaftung
genommen wird, ja, dass von ihr nichts mehr erwartet
wird. Das hat auch damit zu tun, dass sie als Sprachrohr
der offiziellen Lehre gesehen wird – von Kirchenfunktio-
nären wie von Missbrauchsopfern, aber auch von denen,
die sich mit viel Energie der Aufarbeitung des systemischen
Missbrauchs widmen. Nicht zuletzt hat diese Wahrnehmung lange Zeit einem verbreiteten Selbstbild (in) der
Theologie entsprochen. Allzu lang. Die Theologie hat ihre
Glaubwürdigkeit eingebüßt – innerhalb wie außerhalb der
Kirche. Mehr noch, sie scheint für viele keinen Anlass für
eine Hoffnung auf Auswegsperspektiven zu geben.

Aber sie ist noch da. Solange das so ist, kann von ihr
erwartet werden, an Perspektiven des Auswegs zu arbeiten
und ihre (Zwischen-)Ergebnisse auch öffentlich darzulegen. Die Abwendung von der Theologie und die Hinwen-
dung zu scheinbar unbelasteten Diskursen – Psychologie,
Soziologie insbesondere – oder der komplette Verzicht auf
theoriebezogene Reflexion zugunsten eines blanken Prag-
matismus: das ist so nachvollziehbar wie fatal. Alle in den
Missbrauch Verwickelten – allen voran die Opfer, aber

auch die mit seiner Aufarbeitung Beschäftigten, und auch die Täter – sind zugleich höchstpersönlich involviert in den Glauben an den dreieinen Gott. Sie haben ihr Leben auf diesen Gott gesetzt (wie eine überkommene, aber doch aussagekräftige Formulierung lautet) – sei es, dass der Missbrauch ihnen diese Glaubensoption einstweilen oder endgültig zerstört hat, sei es, dass die Glaubensentscheidung für sie noch gilt, aber doch unter hohen Plausibilitätsdruck geraten ist – zuallererst für die Glaubenden selbst. Allzu vielen Menschen ist die Kirche nicht mehr Raum der Vermittlung, nicht mehr Instanz der Vergegenwärtigung dieses Glaubensgrunds, sondern dunkler Schatten, der sich auf ihn gelegt hat: ekklesiale Depression.

Angesichts dessen ist es notwendig, die beiden Verwicklungen – in den Missbrauch, in den Glauben – voneinander abzuheben. Es ist wichtig, in den Bedeutungsgründen des Glaubens Bilder, Ideen, Konzepte aufzuspüren und geltend zu machen, die der Verderbnis des systemischen Missbrauchs standhalten, die gegen sie aufgeboten werden können, durch die mit einem verletzten Glauben neu begonnen werden kann – oder mit denen sich dessen zu vergewissern möglich wird, dass die eigene Glaubenshaltung, auch wenn sie heute, nach 2010, nicht (mehr) aufrechterhalten werden kann, doch nicht im Grundsatz falsch gewesen, sondern triftig ist. So anspruchsvoll nämlich kann sich die Lage des eigenen Glaubens für das Glaubensbewusstsein ausnehmen: Mein Vertrauen in die Kirche ist durch sie radikal verletzt; ich will aber nicht, dass mein einst durch sie vermittelter Glaube deswegen nichtig wird; ich suche nach Gründen seiner Gültigkeit: aus einem Treuebedürfnis zu meiner ursprünglichen Glaubensentscheidung, auch wenn ich die darin gründende Glaubenshaltung jetzt nicht mehr recht einnehmen kann: nur noch restbeständlich, vorläufig gar nicht, später vielleicht erneut, *nevermore*. Wer ob der Kirche verbittert, will sich deswegen doch nicht über die eigene Glaubensidentität verbittern lassen.

Theologie angesichts des Missbrauchs – verankert in den Opfererfahrungen

Ist damit die gegenwärtige Not des Glaubensbewusstseins auch nur einigermaßen getroffen, wird sichtbar, dass externe Expertisen, so notwendig sie sind, nicht ausreichen. Der Glaube, zu dem sich die Menschen in Familien und Gemeinden – in der Kirche – wechselseitig angestiftet haben, war doch nur dann „wahr", wenn er auch jetzt im Kern nicht falsch ist. Eine Heilung – die Gewinnung neuer Lebendigkeit – bedarf äußerer Unterstützung, möglich wird sie aber nur aus den inneren Lebensgründen. Die Lebensgründe christlichen Glaubens neu erschließen und plausibel darlegen – nichts anderes ist die Aufgabe der Theologie. Die theologische Rückfrage nach den Gründen des Christentums gilt dem gesamten Bedeutungskosmos des Glaubens, wie er sich zwischen den Instanzen Gottes und des Menschen aufspannt. Ihre Vorgehensweise ist nicht *random*; sie hat vielmehr ihre Verankerung in den Erfahrungen der Opfer. Von hier aus erhält die theologische Aufmerksamkeit Perspektive und Profil.

Der nah-ferne Gott

Es heißt nicht, einfallslos einer *top down*-Strategie zu folgen (die womöglich noch Hierarchie-imprägniert ist), wenn diese Erkundung mit dem *Gottesverständnis* be-

ginnt. Schließlich sind in den Gottesbegriff alle (Selbst-)
Verständnisse und Verständigungen eingetragen, aus denen die Bedeutungsidentität einer lebendigen Religion besteht. Deswegen sind auch die religiösen Resonanzen von
Opfererfahrungen dem Gottesbegriff einkodiert. Für Viele
ist aufgrund ihrer Erfahrungen die Vorstellung eines nahen
Gottes unerträglich geworden; sie brauchen größtmög-
liche Gottesdistanz. Andere wiederum haben das Bedürfnis nach einem nahen, bergenden Gott. Beide Gottes-
bedürfnisse resultieren aus denselben oder strukturähn-
lichen Opfererfahrungen. Entstehen so zwei konträre,
konkurrierende, einander ausschließende Gottesbilder?
Der Mystik ist es gelungen, diese schier auseinander rei-
ßenden Erfahrungspole in eine Formulierung zusammen-
zubringen: Marguerite Porete, die große Mystikerin des
13. Jh., die mit Meister Eckhart im Gedankenaustausch
auf Augenhöhe stand, bezeichnet in ihrer Liebesmystik
Christus, den Geliebten der Seele, als *près-loin*, als den
Nah-Fernen. Die Mystik zeigt sich hier als Indikator des
Paradoxalen im Christentum und seiner Leidensimpräg-
nierung.

Marguerite Porete reflektiert hier nicht nur ihre eigenen
spirituellen Erfahrungen, in denen es zum mystischen Kurz-
schluss zwischen der vermissungsproduktiven Abwesen-
heit und der sehnsuchtsgetragenen Nähe Christi kommt.
Ihre Erfahrungen sind vielleicht nur auf der Basis der trini-
tarischen Grundstruktur des christlichen Glaubens möglich; geschehen Erfahrungen doch grundsätzlich nicht einfach so: sie werden in Kontexten der Deutung gemacht.
Der Gott, der im Logos, in der zweiten Person, sich in die
radikale Konkretion, die Nähe der Inkarnation in Jesus
begeben hat, ist derselbe Gott, der in der ersten Person absolut transzendent, unidentifizierbar fern, abgründig ver-

borgen ist. Ferne und Nähe Gottes widersprechen einander nicht; sie sind trinitätstheologisch zum Begriff des einen Gottes vermittelt. Der Geist, der „weht, wo er will" (Joh 3,8) und in dieser Unbestimmbarkeit ubiquitär ist, hält den zugleich nahen und fernen, konkreten und transzendenten Gott in einer unfasslichen Allpräsenz. Ja, fern-nah ist Gott im Geist unfasslich allpräsent. Die ihn fern nur oder bloß nah wollen, sind in ihrem Gottesbegehren gleichermaßen gerechtfertigt: im Geist, über den nicht sie noch irgendjemand befindet und der darin Gott ist.

Gottes Allmacht als seine Höflichkeit

Freilich: weder die Polyphonie des biblischen Gottes noch die Vehemenz, mit der dieser Gott sich in den Erfahrungsräumen der Menschen Gegenwart verschafft, soll unterschätzt werden. Und doch: kann er sich auch als der nicht bedrängende Gott präsentieren, wie dem Elias gegenüber: dem er nicht in Sturm, Beben, Feuer erscheint, sondern in einem „leisen, sanften Säuseln" (1Kön 19,11–13). Der Gott, der nicht bedrängt – als freisetzend gar hat Karl Rahner diesen Gott gedacht, und hat diese Fortbestimmung des Nicht-Bedrängens zum Freisetzen ausgerechnet im Zusammenhang mit dem Begriff der Allmacht Gottes formuliert.[1] In seiner Allmacht ist Gott ermöglichend, Raum gebend. Wenn Gottes Allmacht darin besteht, den Anderen zu würdigen, ihm den Vortritt zu lassen, ist seine Allmacht die Höflichkeit Gottes.[2] In ihrer hierarchischen Verfassung ist die Kirche auf die fokussiert, die das Sagen haben. Auch in der Kirche ist die Ökonomie des Sprechenkönnens machtförmig organisiert. Die Kirche ist täterfixiert. Der höfliche Gott aber bereitet den Hof für die zufällig an den

Zäunen und Wegrainen Angetroffenen. Die Zahl der Marginalisierten ist hoch, die Modi ihrer Marginalität vielzählig.

Kirche gründet in
„Figuren der Dezentrierung"

Die Kirche gründet in dem Christus, der „an seiner Gottheit nicht festgehalten hat wie an einem Raub, sondern Sklavengestalt angenommen hat" (Phil 2,6 f.): Gott entäußert sich, entleert sich in die Menschheit hinein, die er in ihrer niedrigsten Gestalt annimmt: als Sklave (des Tods). Die Kirche gründet ebenso im Heiligen Geist; es ist der Geist, der die Apostel und Jünger sprachfähig macht (Apg 2,1–4); das Vermögen der Sprachfähigkeit – das heißt hier: all dessen, was die Kirche in ihren Wesensvollzügen der Liturgie, der Verkündigung, des Diensts zu tun berufen ist – liegt nicht in ihr begründet, sondern im Geist. Diese beiden Figuren der Dezentrierung – Gott gibt sich in die Ohnmacht und dadurch den Menschen die Ehre; das Handlungsvermögen der Kirche ist nicht ekklesial gegründet, sondern pneumatisch –, in denen doch die Kirche wurzelt, bilden sich in ihrem Selbstverständnis, in ihrer Verfassung, in ihrer Kultur so gar nicht oder viel zu wenig ab. Christi Kenosis (Selbstentäußerung) und der pneumatische Vorbehalt kirchlicher Handlungsfähigkeit stellen aber die Leitkonstellation dar, auf die hin sich stets zu erneuern die Kirche aufgerufen ist. Auf diesen Ursprung in Christus und im Geist stets im Sinn des *semper reformanda* zurückzukommen, heißt, die im Glaubensbekenntnis genannte und gebetete Apostolizität der Kirche zu aktuieren, die Treue zur „Norm des Anfangs".

26

Dialektik der Heiligkeit I:
Kirche

Neben der Apostolizität wird im Credo als eine weitere von vier Wesenseigenschaften der Kirche die Heiligkeit genannt: eine im Zusammenhang des systemischen Missbrauchs schwer erträgliche Zuschreibung. Sollte auf sie nicht besser verzichtet werden? Oft wird, wie zum Ausgleich, ins Feld geführt, dass die Kirche doch auch Kirche der Sünder sei: nur dass dann die Sünde an den Menschen haften bleibt und die Kirche als solche von ihr unbelastet erscheint. Manche plädieren deswegen dafür, die Kirche selbst als sündig aufzufassen, die Sündigkeit gehört dann zu ihrer Verfasstheit wie die Heiligkeit. Kann es aber zufrieden stellen, im Denken wie im Glauben, beide Wesensbezeichnungen einfach so, unvermittelt, nebeneinander stehen zu lassen? Die Zuschreibung der Sündigkeit ist im Kontext der Missbrauchskrise selbsterklärend; es bedarf eines näheren Blicks auf die *Heiligkeit*.

Christentum und Kirche stehen hier in unzweideutiger Kontinuität zur biblischen Tradition. Das Alte Testament hat ein strikt theozentrisches Verständnis ausgebildet: Heilig ist nur einer – Gott, der Heilige.[3] Gott ist heilig – und die geschöpfliche Wirklichkeit, der er Heiligkeit verleiht. Diese ist dann nie Eigentum der betreffenden Wirklichkeit, sondern immer verliehen. Für die Kirche heißt das: Wenn Heiligkeit ihr Wesen kennzeichnet, hat sie den Grund ihres Wesens nicht in sich, in eigener Verfügung, sondern in Gott. Wie ist das zu verstehen? Sie hat ihr Wesen – als in der Intention Jesu Christi existierende Gemeinschaft aus Menschen – als Zusage Gottes, als Verheißung, nicht als Besitz, den sie sich selbst anrechnen könnte. Im Gegenteil

27

steht sie unter dem Vorbehalt der Verheißung, das auch real zu werden, was sie von Gott her ist.

Warum aber überhaupt noch von der Heiligkeit der Kirche reden? Weil die Kirche damit als jener menschliche, aus der Sozialität und Geschichtlichkeit menschlicher Wirklichkeit geformte Ort markiert werden soll, an dem Menschen das Heil von Gott her in der Konkretheit ihrer Welt aufsuchen und (Wort der Hoffnung) antreffen können sollen, an dem sie es dingfest machen, ja beanspruchen und einfordern können – als Forderung, wenn nicht an Gott, so doch an die Kirche. Menschen können und sollen die Kirche als Ort der Heilsbegegnung beanspruchen. So können und sollen Menschen die Kirche sich zurückholen. Die Heiligkeit der Kirche komplett aufzugeben hieße, diesen identifizierbaren Ort der Begegnung mit dem Heil von Gott her in menschlicher Wirklichkeit, hieße, den Ort der Durchkreuzung der Horizontalität der Immanenz durch die Vertikalität der Transzendenz aufzugeben.

Schließlich ist die Heiligkeit auf die Sündigkeit zurückzubinden: als das göttliche Nein zu ihr. Deswegen ist zuvor vom Vorbehalt der Verheißung die Rede gewesen: die göttliche Verheißung lässt doch den *status quo* menschlicher Wirklichkeit nicht auf sich beruhen. Die Verheißung von Heil ist die Identifizierung, die Aufdeckung von gegenwärtigem Unheil und der Einspruch gegen es. In diesem Sinn ist die Kirche in ihrer Heiligkeit unversöhnt mit sich in ihrer Sündigkeit.

Dialektik der Heiligkeit II:
Mensch

Grundfalsch wäre es und die Repristination überkommener Denkmuster, Heiligkeit in exklusivem Verhältnis von Gott und Kirche zu verhandeln, auch wenn die das als normal erachtete. Die Pragmatik – die im Gebrauch sich zeigende Bedeutung – von „heilig" ist breiter, weil grundsätzlich: In allen hier relevanten Sprachen vom Hebräischen über das Griechische und das Lateinische bis hin zum Germanischen bedeutet heilig: Absonderung, Ausgrenzung. Das Heilige ist das Herausgesonderte, das allen Zusammenhängen Enthobene. Die Rede vom Heiligen ist der religiös aufgeladene Diskurs vom Absoluten.

So wird mit dem Begriff der Heiligkeit Gottes dieser als der Absolute bestimmt. Das ist hinsichtlich der in der theologischen Tradition fest verankerten Rede von der Heiligkeit des Menschen[4] zu beachten. Heilig ist der Mensch freilich nicht aus sich, sondern nur von Gott her: als die ihn ergreifende und von ihm ergriffen werden wollende heiligmachende Gnade.[5] Diese Gabe stiftet ein Gnadenverhältnis zwischen Gott und Mensch; in ihm übersetzt sich die Heiligkeit Gottes, seine Absolutheit, in eine relationale Heiligkeit, eine relationale Absolutheit des Menschen. Diese ist präzis mit dem Begriff der Unverfügbarkeit erfasst. Unverfügbarkeit bestimmt den Menschen sowohl in seinem Selbstverhältnis als auch in seinem Verhältnis zu den anderen: Als Subjekt konstituiert sich der Mensch in der Anerkennung der Subjekthaftigkeit der und des anderen, und damit: in ihrer und seiner Unverfügbarkeit. Allen subjektiven Anerkennungsverhältnissen eignet eine selbstbezügliche Dimension; in seinem Bezug zu einer, einem anderen realisiert sich der Bezug des Subjekts zu sich selbst.

So ist dieser Selbstbezug von derselben subjektkonstituti-
ven Unverfügbarkeit bestimmt wie die Relation zu anderen. Diese Unverfügbarkeit ist nun das relationale Absolute des Menschen als Subjekt. Die Grundbestimmung seines
Selbst- und Nächstenverhältnisses ist die Unverfügbarkeit.
Darüber legen sich naturgemäß in zahllosen Schichten Ver-
trags-, Zweck-, Verdinglichungsverhältnisse. In ihnen unterhält sich eine Ökonomie verbrauchender Produktivität.
Sie meint aber niemanden.

Wo aber der Mensch in seiner Subjekthaftigkeit in Blick
kommt, wo er, ob inner- oder intersubjektiv, nicht als Mit-
tel, sondern als Zweck in sich selbst angesehen wird,
kommt Unverfügbarkeit als Prinzip der Subjektrelation
zur Geltung. Nach dem Grundsatz *gratia non destruit sed
perfecit naturam* – die Gnade zerstört nicht, sondern vollendet das Wesen des Menschen – nimmt die Heiligung diese Subjektstruktur des Menschen auf. Die Rede von der
Heiligkeit des Menschen verbindet die Unverfügbarkeit –
das relationale Absolute in der Subjektstruktur des Menschen – mit der Unverfügbarkeit Gottes als des Absoluten.
In dieser Unverfügbarkeit ist der Mensch Bild des Heiligen.

Sünde und Vergebung

Missbrauch, spiritueller, wie sexualisierter, stellt die Beanspruchung des, der anderen in seiner bzw. ihrer Subjekthaftigkeit für einen Zweck dar: den der Machtausübung,
den der Bedürfnisbefriedigung. Dabei wird nicht eine
Kompetenz, eine Fertigkeit oder auch ein Besitztum der
anderen Person für den betreffenden Zweck in Anspruch
genommen – das würde in den vorhin angesprochenen Bereich wechselseitig mehr oder weniger akzeptierter Ver-

dinglichungsverhältnisse fallen –, sondern die Person selbst. Wenn bestimmte, also endliche Zwecke durch die Unterwerfung oder mindestens Instrumentalisierung der anderen Person selbst erreicht werden sollen, liegt jene Missachtung oder Brechung der Unverfügbarkeit des (anderen) Subjekts vor, wird sich also dieser Mensch derart verfügbar gemacht, dass von Missbrauch gesprochen wird.

Dabei hat dieser Begriff eine Tendenz der Verharmlosung, zeigt er doch eine Fehlform des Gebrauchs an. Gebrauch aber gilt einer Sache. Hier jedoch geht es um den missbräuchlichen „Gebrauch" eines Menschen in ihrer oder seiner unverfügbaren Subjekthaftigkeit. Hier überhaupt „Gebrauch" anzusetzen, zeigt in sich schon Missbrauch an: nämlich Verfügung ausüben zu wollen über das Unverfügbare. Es gibt keinen nicht-missbräuchlichen Gebrauch des Menschen in seiner Subjektwürde.

In religiöser, in theologischer Resonanz rührt das an den Heiligkeitsstatus des Menschen. Missbrauch missachtet die Heiligkeit des Menschen. Zerstörbar ist sie, theozentrisch gedacht, durch menschliches Tun nicht. Wohl aber kann es dem Menschen den Zugang zu seiner Heiligkeit verlegen: dem Opfer durch Traumatisierung, dem Täter durch Schuld. Wenn Menschen den Zugang zu dem, was sie von Gott her sind, nicht haben, sind sie es für sich nicht: heilig.

Insofern also diese Schuld den Heiligkeitsstatus des Menschen berührt, ist von ihr unmittelbar Gott selbst betroffen. Sünde ist nicht etwas substantiell anderes neben der Schuld; mit dem Begriff der Sünde wird die Dimension von Schuld *coram Deo* ausdrücklich gemacht. Angesichts der Schwere dessen, was als systemischer Missbrauch, als spiritueller, sexualisierter Missbrauch in der Kirche bezeichnet wird, kommt die Einführung des Worts von der

Vergebung immer zu früh. Der Umgang mit Vergebung sollte von aller Leichtfertigkeit frei sein. Hier sei nur dieses festgehalten: Der theologische Begriff unterscheidet zwischen zeitlichen und ewigen Sündenfolgen, diese meinen die Sünde in ihrer Wirklichkeit vor Gott, jene die realen Zerstörungen, die die Sünde unter Menschen angerichtet hat. Sündenvergebung hebt diese zeitlichen Sündenfolgen in keiner Weise auf; sie entlastet von den ewigen Sündenfolgen: Gott rechnet die Sünde nicht mehr an – eine Entlastung, die Kraft und Handlungsfähigkeit wieder neu ermöglichen soll, um an der Bewältigung der realen Zerstörungen – der zeitlichen Sündenfolgen – arbeiten zu können: durch Reue, Schuldbekenntnis, Sühne, Wiedergutmachung ... Wie auch immer im Zusammenhang des Missbrauchs Sündenvergebung achtsam weiter zu denken ist und vor allem in ekklesialer, aber auch inner- wie intersubjektiver Praxis zur Geltung gebracht werden kann: es geht auch um die Wiedererschließung des Zugangs zur Heiligkeit – für die Opfer, für die Täter in je eigener Weise.

Vergebung ist kein Vergessen, sondern eine spezifische, auf Heilung orientierte Weise des Erinnerns.

Zwischen Schöpfung und Kreuz

Die biblisch-christliche Bedeutungstradition begründet eine Kultur des Eingedenkens. Nicht nur sind die Menschen aufgefordert zu erinnern, etwa die Befreiung aus dem Sklavenhaus Ägypten (Dtn 6,20–25) und des Bunds (Dtn 4,23); Gott selbst präsentiert sich als ein Gott des Eingedenkens: er gedenkt der Menschen, er hält sie sich lebendig gegenwärtig (Gen 9,16, mit Ps 8,5). Dem menschlichen Gedächtnis sind eine erste und eine letzte Erinne-

rung eingeschrieben: eine Erinnerung an den guten Ursprung dieser Welt in der Schöpfung (Dtn 5,12–14); eine
eschatologische Erinnerung an den Kreuz-Weg Christi (Lk
22,19. Eindrücklich wird dieses Eingedenken aufgenommen und durchgearbeitet in Johann Sebastian Bachs Kan-
tate „Heil im Gedächtnis Jesum Christ", BWV 67, urauf-
geführt am ersten Sonntag nach Ostern 1724). Beide
Erinnerungen übersteigen die Reichweite persönlicher Erinnerung kategorial; sie sind auch nicht durch den Begriff
des kollektiven Gedächtnisses zu fassen. Es sind jeweils ultimative Erinnerungen. Das Wort Erinnerung meint hier
keine Gedächtnisleistung, es bezeichnet eine eigentümliche
Distanz, mit der dem Glaubensbewusstsein seine zentralen
Inhalte – Schöpfung, Kreuz – präsent sind. Ultimativ sind
sie, von äußerster Dringlichkeit, und doch in der fragilen
Distanz der Erinnerung.

Wie die Erinnerung nie über ihren Gehalt verfügt und
das Erinnerte doch abwesend ist und vermisst wird, so hat
auch das Glaubensbewusstsein einen nicht-verfügenden
Zugang zu seinen zentralen Bedeutungsgehalten. Diese geben den Menschen als zwischen Schöpfung und Kreuz
situiert zu verstehen. Der Mensch in der Schöpfung: in
einem Welt-Horizont, der auf leib-realistische Lebendigkeit hin zentriert ist, auf eine Lebendigkeit, die durch Stoff-
lichkeit und Lebendigkeit ausgezeichnet ist. – Der Mensch
vor oder unter dem Kreuz: dieselbe Lebendigkeit ist lei-
densfähig; sie ist als (selbst-)bewusstes Leben schuldfähig;
in ihrer Lebendigkeit ist sie sterblich. Das Kreuz zeichnet
dem Schöpfungshorizont einen negativen Realismus ein:
das Verletzliche wird verletzt werden, der Stoff des Lebendigen wird verbraucht werden, das frei gewollte Selbst-
Bewusstsein wird schuldig werden.

Wenn die Kreuzesperspektive in dieser Aussage sich erschöpfte, läge darin kein Realismus, und sei es ein negativer, sondern Zynismus. Warum sollte dem Verletzlichen noch gesagt werden, dass es verletzt werden, dem Schuldfähigen, dass es schuldig werden, dem Sterblichen, dass es sterben wird? Es ist aber das Kreuz, wie es etwa die Ikonographie des Apsismosaiks von San Clemente in Rom zeigt, im Horizont der Schöpfung aufgerichtet.

Das Verhältnis von Kreuz und Schöpfung ist dialektisch. Keins löst ins andere hinein sich auf, sie kommen nicht zur Deckung, das eine wird durchs andere fortbestimmt. Die Schöpfung, das Lebendig-Gewollte, geht durch das Kreuz: durch Erniedrigung, Schmerz, Tod. Das vom Kreuz Gezeichnete ist Schöpfungs-Lebendigkeit, es kommt aus dem guten Ursprung, das Gute ist sein Prinzip. Dieses ist Gott selbst, er sagt der Schöpfung, der von ihm gewollten Lebendigkeit, ihr ursprüngliches Gutsein zu, indem er sie durch sein Wort erschafft. Derselbe lässt Jesus nicht im Tod, greift durch dessen Gottverlassenheit (Mk 15,34) hindurch, ist in Jesu Festhalten am Vater auch im Tod noch gegenwärtig, des Kreuzes Weh, Schuld, Tod von innen ergreifend, durch den Tod Jesu Leben erwirkend: Erlösung. Es ist eine biblische Entdeckungsgeschichte, dass Gott der Lebendige nicht in Zuständigkeit fürs Leben nur diesseits des Tods ist – „Die Toten können dich nicht loben" (Ps 115,17) –, sondern gerade in der Aufbrechung der Endgültigkeitsmacht des Tods, eine Entdeckungsgeschichte mit Kulminationspunkt in der Auferweckung Jesu Christi.

Die Konstellation von Schöpfung und Kreuz: keine Feier eines blanken Vitalismus, der vom Tod nichts wissen will, sondern Emphase einer Lebendigkeit, die das Nein des Tods kennt und nicht hinnimmt. Daraus lässt sich keine hell aufgleißende Feel-Good-Message gewinnen; aber darin vielleicht ein Hoffnungsbild finden, dunkler zwar, jedoch von profunder Leuchtkraft, dank derer es auch in die vertracktesten Unheilssituationen hineinzuscheinen vermag. Das Licht dieses Hoffnungsbilds verbraucht sich nicht am Dunkel des Unheils, in das es hineinleuchtet.

Der Bogen einer Theologie angesichts des Missbrauchs hätte weiter ausgezogen werden können. Vollständigkeit erscheint aber als ein angesichts der Situation unangemessenes Ideal.

Anmerkungen

[1] Vgl. Karl Rahner, *Allmacht Gottes*, in: Ders., Sämtliche Werke, Bd. 17/1: Enzyklopädische Theologie. Die Lexikonbeiträge 1956–1973, Freiburg 2002, 106–108.

[2] Vgl. Andreas-Pazifikus Alkofer, *Konturen der Höflichkeit: Handlung – Haltung – Ethos – Theologie. Versuch einer Rehabilitation*, Norderstedt 2005.

[3] So sind 1Sam 6,20 und der Superlativ in Jes 6,7 zu verstehen.

[4] Vgl. Karl Rahner, Art.: *Heiligkeit (des Menschen). II. Dogmatisch*, in: Ders., Sämtliche Werke, Bd. 17/1: Enzyklopädische Theologie. Die Lexikonbeiträge 1956–1973, Freiburg 2002, 288 f.

[5] Vgl. Karl Rahner, Art.: *Heiligmachende Gnade*, in: Ders., Sämtliche Werke, Bd. 17/1: Enzyklopädische Theologie. Die Lexikonbeiträge 1956–1973, Freiburg 2002, 289–294.

III Spiritualität –
Religiöse Existenz im Geist

Es wäre falsch, den Begriff der Spiritualität dogmatisch oder kirchlich anzusetzen, also von einem Set normativ verbindlich gesetzter Inhaltsbestimmungen auszugehen und Spiritualität als die gelebte Affirmation dieser Setzungen zu verstehen.[1] Das wäre eine nachgerade geistlose Bestimmung, setzt der Geist doch die, welche seinem Wirken sich öffnen, zu produktiver Eigenaktivität frei. Dasselbe diagnostiziert Karl Rahner für den „Geist" der Exerzitien des Ignatius von Loyola: „Daß ... die Kirche in ihren Lehren und Institutionen für den einzelnen nicht einfach deduktiv einen konkreten Imperativ für seine eigenen christlichen Lebensentscheidungen hergibt, ist für Ignatius ... selbstverständlich, denn sonst hätten ja seine Wahlregeln, die den einzelnen auf sich allein vor Gott verweisen, gar keinen Sinn und kein Anwendungsgebet."[2] Die verbindliche Lehre lautet hier demnach, dass der Geist verlebendigt: er setzt frei und bindet nicht. Als prägender Ausgangspunkt für die Bestimmung des Begriffs von Spiritualität zurückgewiesen, ist die Dogmatik gleichwohl noch mit im Spiel, nun aber unter der Herausforderung, dass Spiritualität – was sie sei – von den religiösen Bedürfnissen der Menschen her zu bestimmen ist.

Die verletzliche Offenheit des spirituellen Selbst

Damit ist keine Spiritualitätsdiagnostik gemeint, sollen spirituelle Bedürfnisse nicht nach Art eines Gebrechens behandelt werden, dem Spiritualität dann als passendes Heilmittel zuzuordnen ist. Auch heißt das nicht, Spiritualität als Bedürfnisbefriedigung zu denken. Dabei käme ein konsumistischer, kein theologischer Begriff heraus. Dass ein konsumistisches Verständnis – Spiritualität ist, was mir meine entsprechenden Bedürfnisse befriedigt – von widerstandsloser Evidenz und deswegen standardmäßig verbreitet ist,[3] versetzt den theologischen Einspruch hiergegen unter Spannung: muss seine Plausibilität doch gegen den Mainstream aufgeboten werden. Weder einfache Heilung noch schnelle Befriedigung ist Spiritualität, sondern Schmerz und Begehren: die Wunde, die es offenzuhalten gilt, damit sie nicht eitert – damit in ihrer Wundheit menschliche Existenz nicht auch noch krank wird. „Alles, was mich ausmacht, ist zugleich ein Schaden an mir": so sagt es Peter Handke einmal im Gespräch.[4] Er schleudert das seinem Gesprächspartner entgegen, der ihn auf seine Talente anspricht, sie ihm wie selbstverständlich als angeborene künstlerische Vermögen unterstellt. Und Handke – schmäht, verflucht diese, aber nicht, um dem Naturgegebenen die eigene Leistung als Grund des künstlerischen Könnens entgegenzuhalten, sondern um die Grundlagen der Kreativität als „Schaden an mir" zu identifizieren. Der Akzent mag etwas ins Negative verschoben sein, die Grundkonstellation ist dieselbe: Wo das Ich produktiv, kreativ bei sich selbst ist, ist es eben nicht souverän mit sich identisch; es muss vielmehr diese Kreativität, Produktivität als aus einer Verletzung rührend anerkennen.

Die Empfehlung lautet demnach, wunde Stellen nicht

abzudichten, sie vielmehr unverbunden zu lassen, offen der Luft ausgesetzt. Solche wunden Stellen mögen Verletzungen sein, jedoch als körperliche Kontaktstellen zur Welt, als körperliche Empfängnisorte invasiver Weltkontakte. Warum leugnen, dass die Welt wehtut, warum das aber als Krankheit, als Defekt auffassen – wenn anders bis ins Körperliche gehende Welt-Offenheit nicht krank sein soll.

Spirituelle Bedürfnisse also: Wenn diese Wundheit eben nicht als solche schon krank ist, sondern die verletzliche Wirklichkeitsoffenheit des Menschen generell, seine psycho-physische Vulnerabilität, seine seelische Verletzlichkeit – dann bestehen die spirituellen Bedürfnisse noch vor jedem Religionsbekenntnis bloß menschlich in der Kultivierung dieser anthropogenen, den Menschen auszeichnenden, dieser wunden Offenheit zur Welt. Theologische Konzepte zu Vulnerabilität und Vulneranz haben unmittelbare Relevanz für eine Theologie der Spiritualität.[5] Den Begriff der Spiritualität von den Bedürfnissen der Menschen her zu konzipieren bedeutet demnach, das in seiner wunden Weltoffenheit verletzliche – vereinnahmbare, ausbeutbare, zerbrechliche – Subjekt als unüberspringbare und unverfügbare Instanz einer Theologie der Spiritualität anzuerkennen und zur Geltung zu bringen.

Weltoffenheit: nach innen wie nach außen. Vielleicht, und das sind freilich nur Vorstellungen, wäre die Wahrnehmungs-, Empfindungs-, Erkenntnisfähigkeit, die von der Frühromantik unterm Begriff des *Gefühls* als ein physio-psycho-kognitives Kontinuum gedacht worden ist, zu imaginieren nicht als Apparatur; der Maschinenraum der Seele oder des Geists stammt aus dem Metapherninventar des industriellen Materialismus des 19. Jahrhunderts, mit einem Vorlauf in der materialistischen Aufklärung etwa La Mettries[6]; zu imaginieren vielmehr als Membran, als hauchdünnes Häutchen, das unter den Anwehungen von außen wie von innen erzittert, resonant nach innen wie nach außen – auf die Welt. Das Ich hat bei sich selbst immer schon die von außen wie von innen heranbrausende Welt, es ist prinzipiell, in seiner ursprünglichen Konstitution, außen- wie innenweltresonant, so aber, dass, was auf dieses Wahrnehmungshäutchen einwirkt, schon irgendwie zu diesem Selbst gehört. Eine Identität des Ich mit sich selbst, eine Verfügungsmacht insinuierende Selbsttransparenz gar, ist da schwerlich auszumachen. Stattdessen: *Moi, c'est un autre*. Was Arthur Rimbaud auch immer damit gemeint hat, der Satz trifft die Fremdheitserfahrung, die das Ich bei sich selbst mit sich selbst macht. Ganz bei mir bin ich nicht pur ich selbst, sondern in solchem Maß auch anders, als wäre ich ein anderer.

Wenn in dem, was anders mit mir läuft – anders als gedacht und gewollt, von woanders als von mir her initiiert, komplett anders geschieht –, von mir selbst nicht als Entfremdung von mir selbst zu verbuchen ist, wenn in dem von Rimbaud diagnostizierten Anderen, als das ein Ich nur es selbst ist, ich mich wiedererkennen kann, nicht als ich selbst, sondern im Anderen, wird dies, christlich, als Wirken des Heiligen Geists bestimmbar. Vom Geist bin ich konstitutiv durchströmt, und er ist mir doch gegenüber, ganz anders.

Spiritualität ist Geisteshaltung, Geistpraxis.[7] Geist ist „Ich als ein anderer" in mir, fremd klingt in meiner Stimme mit, was der Geist sein kann. Doch nicht alles andere in mir, nicht alles, was anders in mir mitklingt, ist Geist. Es kann auch Weltschmutz sein, ideologische Einrede, Geltungssucht, Stimmen zugefügter Verletzungen, psychotische Einschläge ins Bewusstsein. Paulus kennt deswegen die Unterscheidung der Geister.[8] Wie aber soll ich unter permanenter Bestürmung durch diese Mächte eine solche Unterscheidung durchführen? In seiner Auslegung der Exerzitien des Ignatius von Loyola rückt Karl Rahner diese Frage in den Horizont des Absoluten: Nicht eine gewisse Zahl definiter Kriterien kann den Grund für die Unterscheidung der Geister abgeben, sondern allein das, was bei Ignatius *consolación sin causa*[9] heißt: „Die gemeinte Objektlosigkeit [i. e.: das *sin causa* der *consolación*] ist die reine Offenheit für Gott, die namenlose, gegenstandslose Erfahrung der Liebe von dem über alles Einzelne, Angebbare und Unterscheidbare erhabenen Gott, von Gott als Gott. Es ist nicht mehr ‚irgendein Objekt' gegeben, sondern das Gezogensein der ganzen Person mit dem Grund ihres Daseins in die Liebe über jedes bestimmte, abgrenzbare Objekt hinaus in die Unendlichkeit Gottes als Gottes selbst".[10]

Selbst-Bestimmung im Geist

Auf der Suche nach einer ersten Definition kann Spiritualität einstweilen als Selbst-Sein im Geist aufgefasst werden. Im Geist sein heißt aber im Abenteuer sein. Selbstidentität im Anderswo. Das ist, mit einem Geist, der weht, wo er will,[11] ohne feste Adresse. Spirituelle, geistgewidmete Existenz ist ohne Obdach. Sie hat kein Irgendwo, sie hat den Geist.

Hat ihn nicht. Da ist kein Haben. Auch umgekehrt nicht: Im Geist sein: das bezeichnet keine, oder nicht zwingend eine, Besessenheit. Ich – im Geist – bei mir: jedenfalls stellt das ein prekäres Verhältnis dar, begrifflich nicht kontrollierbar – nicht hetero-, nicht autonom, auf keinen Nenner weder des Identischen noch des Nicht-Identischen zu bringen –, Verhältnis ohne Fassung, auch die kirchliche verfängt nicht, der Geist setzt frei, setzt aus, setzt keine Grenzen, setzt den inneren Impuls der Sehnsucht, durch die der Horizont meines Sinnens, Fühlens, Handelns aufgespannt wird, Horizont auch meiner Angst, meiner Schuld. Ein Horizont ist keine Grenze, irgendwann erreicht und überschritten. Der Horizont der Sehnsucht bleibt, wie weit und wonach sie auch ausgreift, ihr Horizont. Er führt (verführt) das Sehnen weit hinaus, über alle Ziele hinaus, ins Absolute.

Spiritualität wird oft auf den Geist des Menschen bezogen, die weltliche Lesart des Begriffs, der dann die Grundeinstellung eines Menschen zu Leben und Welt bezeichnet. Der Begriff jedoch in einem christlichen Sinn religiös aufgefasst, lässt den Geist des Menschen auf den Heiligen Geist durchsichtig werden – den als Geist Gottes zu bezeichnen einer Verdinglichung gleichkommt: er ist – Gott als Geist.[12] Dass hier ein pneumatologischer Zugang zur Spiritualität gewählt wird, wird wohl schon mit dem ersten Absatz dieses Kapitels deutlich geworden sein. Der Verdacht könnte daraufhin sich einstellen, dass doch wieder, hinterrücks, die Dogmatik normativ ins Spiel gebracht worden ist. In seinem *Handbuch der Spiritualität* macht Kees Waaijman methodisch Gebrauch von der klassischen Unterscheidung zwischen Material- und Formalobjekt:[13] *Material*objekt bezeichnet den Untersuchungsgegenstand, *Formal*objekt die Perspektive der Untersuchung. Traditionell ist die Dogmatik (und übrigens auch die Moraltheologie) im Feld des Materialobjekts als jene normierende Bestimmungsmacht geltend gemacht worden, auf die hin die Spiritualität durchsichtig zu werden und als solche zu verschwinden drohte. Hier wird – nicht die Dogmatik schlechthin, sondern – ein bestimmtes Bedeutungsfeld, die

Pneumatologie, ins Formalobjekt, in die Untersuchungs-
perspektive eingetragen.

In dieser Perspektive nun erscheint Spiritualität nicht als
Selbstbespiegelung des Subjekts in seiner Integrität, sondern als deren umstandslose Aufhebung. Welche Umstände sollte der Geist auch machen, als göttlicher. Die
Identität des Selbst ist hinsichtlich seiner Spiritualität
außerordentlich prekär. Das will bei der Verwendung des
Begriffs spiritueller Autonomie bedacht sein.[14] Revoziert
nicht das spirituelle Selbst seine Integrität, räumt es dem
Geist nicht – kein Ausnahmskämmerlein, sondern – das
komplette Hausrecht ein? Ohne dass dies eine Kapitula-
tion sein müsste: Revokation und Einräumung sind immerhin selbstbestimmte Akte; sie folgen einer Ethik des
Gasts[15]: der Gastgeber stellt schlechthin alles in die Verfügung des Gasts – im Vertrauen darauf, dass der dieses
vorbehaltlose Gastgeschenk nicht ausnutzt. Gastgeber
und Gast begegnen einander in der Haltung wechselseiti-
gen Verzichts. Die Eingießung des Heiligen Geists durch-
tränkt das menschliche Herz vollkommen, ohne von ihm
Besitz zu ergreifen; das Selbst weiß den Geist nicht so in
sich, dass es von ihm Besitz ergreifen könnte.

Und wenn es sich beim gerade Gesagten doch um eine
middle of the road-Beschreibung handelt, der Geist mich
vielmehr tatsächlich überwältigen und ich nach ihrem, der
ruach versengenden Hauch verlangen kann? Die Theologie
der Spiritualität muss für die Möglichkeit einer solchen
pneumatischen Dramatik offen sein und darf nicht aus-
schließen, dass das spirituelle Selbst sich in einer frei gewollten Selbst-Entblößung dem Geist aus- oder überliefert.
An dieser als Möglichkeit zuzulassenden spirituellen Emphase erweist sich das spirituelle Selbst um so schärfer als
prekär. Und doch bietet sie keinen Rechtfertigungsgrund

des Eingriffs durch geistliche Begleiter, kirchliche Amtsträger oder sonstige Autoritäten, die sich selbst zur Hilfe oder Gefahrenabwehr berufen sehen. Schutz, oder wie immer Hilfe hier näher zu bestimmen wäre, hat durch die Kirche gewissermaßen in einer Ästhetik des niedergeschlagenen Blicks angesichts der Blöße zu geschehen, in der das spirituelle Selbst sich dem Geist überliefert hat.

Nicht dass sie anstößig wäre, anstößig ist diese Blöße nicht: die Selbst-Öffnung, Selbst-Übergabe, Selbst-Preisgabe, denn das ist gemeint, ist ein Akt der – oder in – Spiritualität, woran weder eine Theologie des geistlichen Lebens noch eine Philosophie des Subjekts prinzipiell Anstoß nehmen müsste, insofern die Selbst-Exponierung im Geist aus und in Freiheit geschieht: unbedingter Selbstvollzug: wenn in der Selbst-Übergabe an den invasiven Geist das Ich sich in Freiheit und als frei aussagen kann; Freiheit, die von außen nicht festgestellt, nur von innen bezeugt werden kann.

Was aber, wenn die Besitzergreifung durch den Geist nicht nur als eine marginale Erscheinung im Spektrum christlicher Spiritualität abgetan werden könnte, sondern als deren eigentliches Paradigma zu gelten hätte, so dass demgegenüber Mainstream-Beschreibungen der Erfahrung des Geists nicht nur als gezähmte, verharmlosende Versionen erschienen, sondern als Plaudereien ohne Gehalt, die von dem, wovon sie reden, kein rechtes Erfahrungswissen haben? Und was zudem, wenn die Besitzergreifung durch den Geist zwingend, versehrend wäre, also eben doch als Besessenheit zu verstehen wäre, ohne dass damit aufs Feld der Psychologie ausgewichen wäre: besessen wie Saul, dem Gott die *ruach* geschickt hat?[16] Was, wenn es sich aus Gründen der theologischen und spirituellen Redlichkeit verbietet, diesseits dieser Möglichkeit mit der theologischen Bestimmung christlicher Spiritualität aufzuhören, ohne sie einzubeziehen? Ohne also zu denken, dass wir uns, indem wir uns auf die Erfahrung des Geists einlassen, ins Risiko begeben?[17]

Der Geist spricht mich an, seine Botschaft lässt mich erschrecken; er weht durch mich hindurch; seine Einwohnung reichert mein Denken und Fühlen zu übernatürlicher Fülle und Dichte an; er weht mich in die lichtlose Nacht; er durchtobt meine Welt gewaltiger als ein Jahrhundertsturm; in seinem schwebenden Gegenwärtigsein scheint das Chaos der noch ungeschaffenen Welt auf; im Geist formuliert sich alles unverständlich neu; Ruhe ist für mich im Geist: Geist-Reich-Weiten, Wirkweisen des Geists, registrierbar nur in den Resonanzen spiritueller Erfahrung, die gleichwohl als verarbeitender Wiederklang von Geistwirkung und -wirklichkeit verstanden werden will. Vernünftigerweise lässt sich nur von Erfahrung sprechen – und nicht vom Geist selbst –; diese Erfahrung verweigert sich aber einer vollständigen Erfassung, solange nicht die Möglichkeit mit einbezogen wird, dass sie Resonanz auf Geistesgegenwart sei. Das Nicht-Beschreibbare ist konstitutiver Bestandteil der Beschreibung.

Gegenwart des Geists als Kritik des spirituellen Selbst

Kurzum: Christliche Spiritualität als Haltung und Praxis zeigt sich, wird sie vom Heiligen Geist her gedacht, als kritisches, ja riskantes Selbstkonzept. Die Praxis solcher Spiritualität übt, die Haltung solcher Spiritualität nimmt ein glaubendes Subjekt als konstitutive Kritik seiner selbst im Geist ein; Selbstidentität ist spirituell, also im Geist, aufs

Spiel gesetzt, riskiert; spirituell gibt es Selbstheit als geistlich riskierte nur. Spiritualität ist dann ein intimes Selbst-Verhältnis im Geist;[18] nichts und niemand ist legitimiert, in dieses Intime intervenierend, (ver-)ordnend, regulativ, präskriptiv ... einzutreten – nichts und niemand: nicht die Kirche noch irgendein kirchlich abgestellter Akteur: kein Beichtvater, kein Seelsorger, kein geistlicher Begleiter und wie sonst die im generischen Maskulin aufgerufenen ekklesial maskierten Machtträger noch tituliert werden mögen.

Ob aus Not, ob aus freien Stücken, ein Mensch geht das Verhältnis, Spiritualität genannt, selbst ein. Auch wenn es seine Vermögen, die Kräfte seiner Selbsttätigkeit, überforderte, wäre die Übernahme seiner *agency* durch eine andere Instanz nicht am Platz, wäre vielmehr Entmündigung. Vom Geist überwältigt zu werden und darin zugrund zu gehen ist immer noch unvertretbar subjektives Widerfahrnis, in dem das Subjekt überbeansprucht, gebeutelt, ausgesogen – aber eben nicht annihiliert wird. Noch die Überbeanspruchung durch den Geist ist eine Affirmation des Subjekts.

Die Kirche ist Kirche des Geists. Sie kann die Intimität der spirituellen Erfahrung schlechterdings nicht konterkarieren. Wo das geschieht, wo kirchlich, amtlich „legitimierte" Eingriffe in spirituelle Intimität geschehen, ist dies nicht „Wirken des Geists", sondern ins ekklesiale Gewand geschlagene menschliche Eigenmacht.

Das spirituelle Selbst, das vom Geist berührte, erfüllte (oder heimgesuchte), das dem Geist geöffnete Selbst ist exzentriert, lässt durch Konzepte der Identität sich nicht einfach erfassen; es ist, als solches, exponiert, außerordentlich verletzlich; machtförmigem Zugriff muss es als wehrlos sich ausliefernd erscheinen; auf der Basis dieses Scheins geschieht spiritueller Missbrauch; der ist von zerstöreri-

scher – extrem: vernichtender – Gewalt und beruht doch
auf Schein; gibt es nämlich eine macht-lose, der Macht ent-
gehende – pneumatische – Resilienz: die Widerstandskraft
der Sehnsucht, die allen Missbrauch (alle Instrumentalisierung, Ausbeutung, etc.) unterläuft und überbietet. Spiritualität als inspirierte Sehnsucht macht nicht Halt bei oder
für *second best*. Dem Missbrauch ausgesetzte Menschen
vermögen es unter Umständen, das Missbräuchliche an
der Situation, der sie ausgesetzt sind, zu spüren und ihre
Sehnsucht einzuklammern; sie schützen sie dadurch vor
dem Falschen und halten an ihr fest; sie halten dem
Schlechten die Unendlichkeitsdrift ihrer Sehnsucht entgegen. *I'm not in here for second best*: das Axiom schlechthin des Pop. Es klingt konsumistisch, doch nur aufs erste
Hören. Dann jedoch zeigt sich, dass es jedes verfügbare
Konsumangebot zurückweist: *I'd prefer not to* (ich möchte
lieber nicht): Herman Melvilles *Bartleby*, dessen *cantus fir-
mus* diese höfliche Absage ist,[19] erweist sich darin als pro-
totypische Personifikation des Pop: im Gestöber der Angebote Nein zu sagen, nicht als Verzicht, das wäre ziemlich
un-popistisch, sondern um des *semper maior* willen, das
die ignatianische Spiritualität mit Gott verbindet und das
aber, Gott hin oder her, auch die Pop-Kultur kennt: als absolutes Verlangen, Verlangen nach dem Absoluten. Pop
und Religion berühren einander und können ihre Berüh-
rungsängste ablegen. Zwischen beiden Kulturen, der des
Pop und jener der Katholischen Kirche, bewegt das spirituelle Selbst sich. Im Pop sind es die permanenten Konsum-
angebote, durch deren Negierung die Sehnsucht sich fort
und fort bildet, in der Kirche (so muss es gerade scheinen)
sind es die Missbräuche, durch deren resilientes Überleben
die Sehnsucht immer absoluter wird.

Es ist die Unendlichkeitsdrift der Sehnsucht, die eine

prinzipielle Differenz zu allen Erfüllungsversprechungen bestehen lässt, die sich anbieten oder aufdrängen, ein *absolute gap*. Diese absolute Differenz ist da, wenn auch nicht immer offensichtlich, Überwältigungen der Sehnsucht, ob verführerisch, ob gewaltsam, zielen auf *blurring the gap*, Absolutheitsverwischung, das spirituelle Selbst kann aber immer darauf zurückkommen, es kann (prinzipiell) aus allen Zusammenhängen des spirituellen Missbrauchs auf die Unerfülltheit der eigenen Sehnsucht *in diesen Situationen* zurückkommen und daraus neue Freiheit schöpfen. Befreiend ist die Wiedergewinnung der Unerfülltheit der (eigenen) Sehnsucht – inmitten der missbräuchlich angetragenen Erfüllungsverstrickungen. *Second best is not enough; everthing is second best, save the absolute.* Der Geist, der, falls er mir einwohnt, wessen ich mir schlechterdings nicht gewiss sein kann,[20] mich nicht aus- oder erfüllt, sondern aufreißt und ausdörrt, bis hinab auf die Blöße meiner Bedürftigkeit, legt die Substanz meiner Existenz frei.

So fang im Geist stets neu ich mit mir an. Die spirituelle ist eine vertikale Identität. Sie entwickelt sich nicht gemächlich aus einer Lebensgeschichte, als deren Erzählung sie dingfest gemacht werden würde. Der Geist in mir bezeichnet den Nullpunkt meiner selbst; aus welchem Nullwert ich ständig schöpfe, der selbst so ungeheuer Geist-geladen ist.

Diese spirituelle Konstellation ist höchst intim, die absolute Innendimension religiösen Bewusstseins. Sie kann eigentlich, das wäre ein legitimer Vorbehalt, gar nicht beschrieben werden, wenigstens nicht an sich selbst.[21] Wer allerdings einen einigermaßen vertraulichen Umgang mit der Literatur pflegt, weiß, dass die Beschreibung intimster seelischer Vorgänge zu ihren eigentlichen Aufgaben gehört – freilich als äußere Geschehnisse, als Erzählungen. Bob Dylans Song *Mr. Tambourine Man* ist *Soul Music* im Wortsinn: ein Seelenlied,[22] die lyrische Erzählung an sich undarstellbarer innerer Vorgänge als äußere, in einer Landschaft sich ereignende Reise. Das darin aufgenommene Konzept der Seelenreise ist kulturell-religiös womöglich universell; ins Archipel Europa ist es über die griechische Antike und ihre Ausbreitung entlang der nördlichen Schwarzmeerküste aus dem zentralasiatischen Schamanismus gelangt.

Kirchliche Bedingungen und Verhinderungen der Spiritualität

Nichts ist heikler als die Veröffentlichung des Intimen. Und wo sollte dieses Vorsichts-Wissen gute Geltung haben, wenn nicht im Christentum, das eine Bekenntnisreligion ist, eine Religion der Veröffentlichung der innersten Überzeugungen: *Credo* … Die Kirche in ihrer Äußerlichkeit als Institution, Hierarchie und Kult wird von der spirituellen Konstellation erst in deren vorbehaltlos veröffentlichter Fassung erfüllt. Deren ursprüngliche Intimität erreicht sie, selbst wenn sie darauf zuzugreifen versuchte, nicht. Deswegen kann solcher ekklesialer Zugriff auf das pneumatische Intime des spirituellen Selbst nur gewaltsam sein. In dem Maß, wie die Kirche sich selbst als Institution und über das Gesetz, die Hierarchie, den Kult bestimmt – über Modi der Objektivität –, hat sie keinen Anspruch darauf, „in den Seelen zu erwachen"[23]; sie kann ein *sentire cum ecclesia*, ein solidarisches Mitfühlen mit der Kirche schlechterdings nicht einfordern, weil sie das *Gefühl* – als die unverfügbare Wahrnehmungs- und Ausdrucksinstanz

49

des Subjekts – gar nicht zur Kenntnis nimmt und respektiert. Will sie seelisch erwachen und auch im Gefühl verkostet werden, muss sie von dorther sich verstehen, in vertrauter Sprache: vom *sensus fidelium* her. Wird an dieser Stelle die ekklesiologische Selbstbestimmung der Kirche als Sakrament des Heils, wie sie das II. Vatikanische Konzil vorgenommen hat,[24] eingetragen und, wie etwa durch Michael Quisinsky, als „Selbstdefinition vom Anderen her" gedeutet, entspricht dies den hier vorgetragenen Überlegungen; der Satz vom Erwachen der Kirche in den Seelen kehrt seine Sinnrichtung dann geradezu um: „Denn müsste es eigentlich nicht geradezu umgekehrt in erster Linie um das Erwachen der Seelen in der Kirche gehen? Mit anderen Worten darum, die Kirche zu einem Resonanzraum zu machen, in dem die ‚Seele' erwachen und sich erheben kann, in dem sie geachtet und gestärkt wird?"[25]

Die Theologie Joseph Ratzingers, der den Guardini-Satz selbstverständlich in Anspruch genommen hat,[26] ist von einer ekklesiozentrischen Tiefenstruktur bestimmt; was auch immer sie thematisiert, bezieht sie normativ auf die Kirche: wie ein jeweiliger theologischer Gegenstand von der Kirche rezipiert wird, in welchem Verhältnis zur Kirche – bekämpfend, ablehnend, verfehlend, indifferent, bejahend, feiernd – er jeweils taxiert wird. Dieselbe normative Zentrierung auf die Kirche gilt auch für die Trägerpersonen „katholischer" Spiritualität: naturgemäß werden sie nach der kirchlichen Ständeordnung erfasst, als Kleriker und Laien. Gemäß dieser normativen Ordnung sind Kleriker prinzipiell treue Diener der Kirche, während Laien der Kirche prinzipiell etwas schulden: Gehorsam. Mit den Laien öffnet sich das Bild auf die Welt schlechthin, die sowieso plural ist, aber auch speziell profan entfremdet und modern-subjektzentriert deformiert. Die ekklesiale

Schuld der Laien lastet schwer. Es ist am Ende die Schuld der Welt in ihrem autonomen Gegenüber zur Kirche. Diese Schuld irrlichtert aber nur in den Phantasmagorien reaktionärer Ekklesiezisten à la Ratzinger, mit denen nicht mehr sich befassen zu müssen eine Erleichterung wäre, aber sie existiert als theologische Wirklichkeit nicht. Diese tief eingelagerte Belastung, dass die Laien der Kirche etwas schuldig wären, eine untilgbare Schuld, ist einzukalkulieren, wenn heute mit einer ekklesialen Gestalt subjektiver Spiritualität gerechnet wird. Völlig gegenläufig zu diesem Ekklesiezismus erklärt Kees Waijman in seinem sowohl umfang- und voraussetzungsreichen als auch anspruchsvollen Handbuch der Spiritualität die Laienspiritualität für paradigmatisch, nicht die der Kleriker oder die monastische – und dies nicht nur aus kompensatorischen Gründen, ist sie doch von der klerikal und monastisch gelenkten geistlichen Literatur über die Jahrhunderte durchgängig übersehen worden, sondern weil sie im Windschatten dieser Aufmerksamslosigkeit die stabilste geschichtliche Kontinuität ausgebildet hat.[27]

Gewiss, die frühchristlichen Gemeinden haben hohe Zugangshürden gesetzt: ein mehrjähriges Katechumenat als Status der Taufbewerbung, die Geheimhaltungspraxis der Arkandisziplin, die ursprünglich unwiederholbare Buße. Die in all dem enthaltene Lektion der Bedeutung und des Werts der Kirche haben die nachfolgenden christlichen Generationen längst gelernt und verinnerlicht. Heute erwarten die Menschen von der Kirche, dass sie, gemäß ihrer Sendung, der in Geschichte und Gesellschaft manifeste Ort ist, an dem das Heil-von-Gott-her beansprucht werden kann. Tatsächlich ist das die wichtigste religiöse, ja, weil kirchen-begründend, ekklesiale Erwartung an die Kirche; sie ist von so gravierender Bedeutung, dass ihretwegen von

Missbrauch Betroffene die Kirche nicht, was nur verständlich, ja naheliegend wäre, verlassen. Sie – nicht die Kirche, sondern die Erwartung an sie – ist ihnen heilig. Dies, dass in der, von der Kirche Geschlagene daran festhalten, dass Kirche, *against all odds*, der sozio-historisch konkrete Ort der Antreffbarkeit der Gnadengegenwart Gottes eigentlich sein soll, könnte die genuine Ausgangs-Konstellation einer ekklesialen Selbst-Ermächtigung der Gläubigen sein, einer Rückgewinnung der klerikal entwendeten, entfremdeten, deformierten Kirche durch die Laien – was nichts heißt als: durch die Glieder des Gottesvolks selber. Damit wird nicht eine atavistische Konfliktlage zwischen Klerikern und Laien repristiniert; Kleriker müssen für sich selbst und für die Kirche klarmachen, ob sie sich ekklesio-transzendent, über der Kirche als Volk Gottes situieren, für welchen Fall sie für die Zukunft der Kirche keine Rolle mehr spielen, oder in der Kirche, als in sie eingegliedert, in welchem Fall sie sich als dem Volk Gottes inkorporiert deklarieren: also prioritär als Laien. Waijmans Setzung der Laienspiritualität als paradigmatisch im Feld der Formen der Spiritualität ist deswegen plausibel im Maßstab des Selbstverständlichen.

Mit den Laien ist nach kirchlichem Verständnis bis hinein ins II. Vatikanische Konzil die Welt in der Kirche präsent.[28] Laienspiritualität ist dann profane Spiritualität – in dem Verständnis, dass sie nicht schon kirchlich formatiert, sondern, im besten Sinn, sich selbst überlassen ist. Die Begriffe der Profanität, Säkularität oder Weltlichkeit bezeichnen in diesem Zusammenhang keine weltanschauliche Prägung in Konkurrenz zu einer kirchlichen, sondern die Eröffnung eines unbestimmten Raums, in dem Selbst-Bestimmung möglich ist.

Sprachen des Geists

Dies wird auf dialektische Weise im folgenden Zusammenhang deutlich: Ramón del Valle-Inclán hat mit der *Frühlingssonate* den scheinbar allerkatholischsten Roman geschrieben.[29] Die männliche Erzählerfigur ist Gardeoffizier des Papsts, die weibliche Hauptfigur steht kurz davor, in den Karmeliterinnenorden einzutreten, beide werden durch den Tod eines Bischofs zusammengeführt, die Handlung spielt sich in einem Netz aus Eucharistiefeiern und Prozessionen ab, Gewänder für Heiligenfiguren werden gestickt, Totenwachen gehalten, Rosen für den Altarschmuck arrangiert, der Blick der Liebe idealisiert die Geliebte zur Heiligen, die Angst der Liebe dämonisiert den Liebenden zum Satan, die eigene Liebesdrift zu etwas Teuflischem –: der Roman einer genuin katholischen Welt, so will es scheinen. Welt, hieße das, lässt sich integral katholisch-kirchlich gewinnen. Valle-Inclán ist zentrale Gestalt des spanischen *modernismo* um die Wende vom 19. zum 20. Jahrhundert, antimonarchistisch, antiklerikal. Sollte das sein Roman sein: die Feier einer integral-katholischen Welt?

Der transzendentale, außerhalb der geschilderten Welt liegende, aber nur vermittels der Erzählung dieser Welt greifbare Punkt ist die erotische Liebe, wie sie zwischen den beiden Hauptpersonen aufflammt, noch in der Verleugnung erzittern lässt, Entsagung fordert, unschuldige Opfer fordert – Liebe, die in ihrer Unmöglichkeit und weil sie doch nicht vergessen werden soll, nur in religiöser Idealisierung sublimiert werden kann.[30] Die Semantik der Religion ist der Code zur Verabsolutierung rein weltlicher Begegnungen, Gefühle, Erfahrungen. Das ist die Wirklichkeit des Zwischen: zum Verzweifeln flüchtig, an sich selbst in seiner Absolutheit unfixierbar, wofür aber die Religion über Ausdrucksregister verfügt: die Heiligkeit einer Person, einer Stimmung, die einer Hostie gleichende alabasterne Transparenz einer geliebten Hand,[31] die Schönheit eines ins Gebet versunkenen Antlitzes, der durch abendliche Düfte, nächtliche Lüfte klingende und die Hoffnung, Sehnsucht, Verzweiflung der Liebe mit ins Offene der Welt, in die Klausur des Gartens, in die Intimität des Zimmers der Geliebten tragende Klang kirchlicher Gesänge. Der Roman statuiert keine in und aus sich selbst bestehende, integrale katholische Welt. Deren Semantik arrangiert Valle-Inclán zur Emphase einer weltlichen Romanze. Das Religiöse ist Dekor des Weltlichen. Der Schmuck ist aber, so katholisch ist der Roman dann doch, kein Beiwerk: Im katholischen Dekor erst findet die Absolutheit der bloß weltlichen Liebe ihren unverkürzten Ausdruck. Die Semantik des Katholischen wird hier zur Selbst-Bestimmung des Ausmaßes einer weltlichen Liebe verwendet. Ins Dekor dieses Gewands kleidet sich ein laikales Gefühl der Liebe.

Wäre dann nicht generell für die Wirkungen des Geists, für seine Gaben, anzunehmen, dass ihnen etwas Unverfügendes eignet? In der Sprache des Geists – pneumatologisch – lässt unverfügend von der Welt sich sprechen. Und wäre dann nicht die Sprache des Geists im strikten Sinn – die er spricht: sprechen lässt – jene, die jeden Gehalt fahren lässt, die sich aller Bedeutungsverfügung begibt: Glossolalie? Wenn so das spirituelle Selbst sich aller Verfügung begibt, liefert es sich aus: an nichts, an niemanden, an Gott. Was, weil Gott nicht an sich, sondern nur repräsentativ gegenwärtig ist, eine ausbeutbare Konstellation ist.

Als Unterpfand pneumatischer Rede hat Glossolalie Paulus zu Recht beunruhigt, entzieht sie sich doch wie jeder auch seiner Kontrolle. Faktisch begegnet sie bis heute als Ausdrucksform eines ekstatischen Christentums, dem sie Geltung verschaffen, für das sie werben soll. Dabei könnte die Glossolalie nur insoweit Ausdruck pneumatischer Rede sein, wie sie völlig zweckfrei geschieht. Glossolalie ist „Zungenrede" nur insofern, als „Zunge" korporeales Symbol für „Sprache" ist: Sprachrede also, die nichts bedeutet, deren Bedeutung weder in metaphorischer Ambiguität noch in metonymischer Dauerverschiebung nur ins Ungefähre versetzt, sondern – nichtig ist. Wie kann es eine *glossa* / Zunge / Sprache geben, die nicht in ambiguer Balance sowohl dies wie auch das, sondern im Durchgang durch alle semantischen Möglichkeiten gar nichts bedeutet? Zungenrede als artikuliertes Schweigen, nichts Bestimmtes sagen wollen, Rede ohne Intention, vielmehr: das Sagen selbst artikulieren, das Bedeuten, frei von Bedeutung. Das hat etwas mit Literatur zu tun. Poesie kann so bestimmt werden: als das Heraustreten aus der fraglosen Benutzung der Sprache hinein in ein bloßes Sprechen der Sprache; Poesie als ein solches Sprechen bringt hervor „[e]inen veränderten Blick auf die […] umgebende Welt, einen Anreiz, den Prozeß des Verstehens oder Nichtverstehens selbst ein bißchen besser zu begreifen, einen ganz allgemein angenehmen Zustand des Nachsinnens über das Medium Sprache".[32] Bob Dylan bestimmt Little Richards *Tutti Frutti* als eigensinnige Form der Glossolalie – im Wissen darum, dass es im Song um die Feier von *Queerness* geht, im Wissen auch darum, dass Little Richard mit *Tutti Frutti* durch die Mühlen des Rassismus im Musik-Betrieb, der rassistisch motivierten ökonomischen Ausbeutung, gegangen ist.[33] – Glossolalie als Aufbegehren, wortlos, aber in und mit Sprache. Die in Sprache gesetzten Bedeutungen sind machtförmig, Macht hat sie durchgesetzt, Macht wird durch ihre Anerkennung bestätigt, Glossolalie unterläuft die gesetzten Bedeutungen – und damit die in ihnen manifeste Macht – und eröffnet je von neuem einen freien Zugang zur Dynamik des Bedeutens. Aus der Glossolalie kann zur Freiheit befreite Rede neu hervorgehen.

Ein solches Sprechen, in dem die fixen, identifizierbaren, wiedererkennbaren Bedeutungen aufgehoben sind oder unterlaufen werden, woraus die Aussicht auf eine neue Rede sich auftut, von der zugleich noch nichts gewusst wird, nur dass sie unterm gerade gesetzten Vorzeichen glossolalischer Freiheit steht – und das (solches Sprechen) in seiner Sanglichkeit auch noch in den Bannkreis des Musik-Ästhetischen gerät: dieses Sprechen kann wohl als pneumatisch gelten, als geistgewirkt, zumal die in Zungen Sprechenden das wohl im Bewusstsein ihrer selbst tun, zugleich aber eine zugrund liegende Energie verspüren, die als Antrieb zu diesem Sprechen ihnen und ihrem Selbstbewusstsein voraus geht.

Paulus' Beunruhigung ob der Zungenrede, derentwegen er sie unter den Geistesgaben auf dem vorletzten Platz rangieren lässt, gefolgt nur noch von jener der Auslegung der Zungenrede,[34] und die in ihrer theologalen Unregierbarkeit zu gründen scheint – „Denn wer in Zungen redet, redet nicht zu Menschen, sondern zu Gott; es versteht ihn ja niemand, sondern er redet im Geist Geheimnisvolles"[35] –, lässt ihn hier zur Stimme der Kirche selbst werden: Alle Geistesgaben – und in Sonderheit die diesbezüglich kritische Zungenrede – werden der Norm eines „allgemeinen Nutzens" unterstellt, nämlich der „Auferbauung der Gemeinde".[36] Nicht von Ungefähr steht (neben dem Hohelied der Liebe) im Zentrum dieses Textkomplexes die Rede von der Gemeinschaft als Leib, mit der in Gestalt einer Fabel schon der Konsul Menenius Agrippa Ende des 5. Jh.

v. Chr. die Plebejer von ihrem Aufstand gegen die Patrizier abzubringen suchte, und die den *agencies* der einzelnen Subjekte das Korsett eines hierarchisch gegliederten Gemeinschafts-Ordos vorordnet. – Wie sieht dies aber umgekehrt aus, welche für es angemessene Wahrnehmung kann das spirituelle Selbst von der Kirche gewinnen? Vorschlagsweise diese:

Kirche als Gewand des spirituellen Selbst

In einem glänzenden Essay zu Mode, Sinnlichkeit und Sichtbarkeit, Textur und Körper zitiert Luka Holmegaard die kanadische Dichterin Anne Carson, die in einer literarischen Miniatur zu Ovid im Exil schreibt: „Ich sah ihn dort in einer Nacht wie dieser, nur kühl, durch schwarze Straßen bläst der Mond … Er setzt sich an den Tisch … Jetzt weint er. Jede Nacht um diese Stunde hüllt er sich in Trauer wie in ein Gewand und schreibt weiter." [37] Holmegaards Augenmerk gilt der Metapher des sich Hüllens in Trauer wie in ein Gewand. Trauer ist ein innerer Zustand, ein Gewand ist eine äußere Hülle. Ovid zieht sich sein inneres Gefühl an wie ein Gewand; er macht das Intime zu einem äußeren, sinnlich wahrnehmbaren Gegenstand; das Gewand schützt, birgt, exponiert, stellt dar. „Die Traurigkeit anzuziehen, bedeutet auch, sie sichtbar zu machen und sie gleichzeitig zu spüren … Die Traurigkeit wie ein Kleidungsstück anzuziehen bedeutet, ihr eine Form und Möglichkeit zu geben". [38] Das Gewand verobjektiviert das innere Gefühl, macht es anschaulich – der Person zunächst selber, dann aber auch der Welt. Durch das Gewand erhält das innere Gefühl eine Form, an der zugleich die Person sich, durch das Überstreifen und Tragen des Gewands, ihres inneren Gefühls vergewissert. – Die Kirche sei dieses Gewand, das die Menschen sich selbstbestimmt anziehen können und das, getragen, Hülle, Ausdruck, Vergewisserung des spirituellen Selbst sein kann. „Weshalb hatte sich Europa plötzlich mit einem Mantel aus Kathedralen überzogen?", fragt Sylvain Tesson in einem Essay zu Notre-Dame de Paris.[39] Vielleicht liegt in dem hier Dargestellten die Antwort. Die Metapher des Gewands erlaubt es, Kirche vom Subjekt, vom spirituellen Selbst her zu denken und nicht, wie es immer und immer geschieht, umgekehrt. In diese ekklesiale Selbstermächtigung der Glaubenssubjekte mündet dieser Weg, Spiritualität von den religiösen Bedürfnissen der Menschen her zu denken. Gewand der Trauer? – Wer heute das Gewand der Kirche anzieht, wer von ihr sich nicht abwendet, sie womöglich ausdrücklich bejaht, kann das kaum ohne ein Gefühl der Trauer tun.

Anmerkungen

[1] Genau so ist aber katholischerseits Spiritualität von der Neuscholastik bis in die jüngere Vergangenheit bestimmt worden; Kees Waaijman hat einige Quellen zusammengetragen. So stellt Adolphe Tanquerey seinen *Précis de théologie ascétique et mystique* (1923 f.) folgendermaßen vor: „Unser Traktat ist vor allem doktrinär und stellt sich die Aufgabe, darzulegen, dass die christliche Vollkommenheit logisch aus unseren Dogmen hervorgeht" (zitiert nach: Kees Waaijman, *Handbuch der Spiritualität. Formen, Grundlagen, Methoden*, Bd. 2: Grundlagen, Mainz 2005, 86). Noch 1980 heißt es bei Jordan Aumann: „Spiritualität geht dogmatisch ans Werk" (*Spiritual Theology*, London 1980, zitiert nach: ebd.). Für Antonio Sicari hat die Spiritualität die Aufgabe, „die ganze Dogmatik wie in einem Spiegel zum Ausdruck zu bringen",

der Dogmatik ist die Spiritualität „ihre Seele, ihr Lebenssaft" (*Das geistliche Leben des Christen*, Paderborn 1998, zitiert nach: ebd.).

[2]   Karl Rahner, *Im Anspruch Gottes. Bemerkungen zur Logik der existentiellen Erkenntnis*, in: Ders., Sämtliche Werke, Bd. 25: Erneuerung des Ordenslebens. Zeugnis für Kirche und Welt. Bearbeitet von Andreas R. Batlogg, Freiburg 2008, 248–253, hier: 252 f.

[3]   Mit Peter Strasser könnte diese konsumistische Spiritualität auch als „verschleppte Form von Religiosität" bezeichnet werden, als „eine Form selbstverleugnender Religiosität". Peter Strasser, *Kritik der Spiritualität. Warum uns die Welt nicht genug ist*, Basel 2020, 9.

[4]   Vgl. Malte Herwig, *„Alles, was mich ausmacht, ist zugleich ein Schaden an mir"*, in: Die Literarische Welt, Nr. 49, 4. Dezember 2022, 4 f.

[5]   Vgl. exemplarisch: Hildegund Keul (Hg.), *Theologische Vulnerabilitätsforschung. Gesellschaftsrelevant und interdisziplinär*, Stuttgart 2021; Andrea Bieler, *Verletzliches Leben. Horizonte einer Theologie der Seelsorge*, Göttingen 2017 (den Hinweis auf die Arbeiten Bielers verdanke ich Regina Heyder); besonders: Hille Haker, *Vulnerable Agency – Human Dignity and Gendered Violence*, in: Dies., Towards a Critical Political Ethics. Catholic Ethics and Social Change, Basel: Schwabe, 2020, 135–167.

[6]   Julien Offray de La Mettrie, *Monsieur Machine*, 1748.

[7]   Auf den ersten Blick ähnlich bestimmt Roger Haight Spiritualität als Glaubenspraxis: „Spirituality as Faith in Action ... [S]pirituality is understood as the way persons and groups live their lives in the face of what they consider to be ultimate reality." Roger Haight, *Spirituality Seeking Theology*, Maryknoll: Orbis Books, 2014, 4. Der zitierte definitorische Nachsatz macht aber klar, dass Haight Spiritualität anthropozentrisch versteht; der Geist Gottes hat keine spiritualitätskonstitutive Bedeutung, thematisch ausdrücklich wird der Heilige Geist erst gegen Ende des Buchs, in

einem Unterpunkt des vorletzten Kapitels zur pneumatischen Omnipräsenz des Göttlichen behandelt; vgl. a. a. O., 156–160.

8   Vgl. 1Kor 12,10; s. a. 1Joh 4,1–6. Paulus ist an der pneumatischen Einheit in der Pluralität religiöser Phänomene interessiert, der Autor des Johannesbriefs an der Christusorientierung. Für die ignatianische Spiritualität ist die Unterscheidung der Geister eine je personale, lebenslange Aufgabe.

9   Vgl. Karl Rahner, *Die Logik der existentiellen Erkenntnis bei Ignatius von Loyola*, in: Ders., Sämtliche Werke, Bd. 10: Kirche in den Herausforderungen der Zeit. Studien zur Ekklesiologie und zur kirchlichen Existenz. Bearbeitet von Josef Heislbetz und Albert Raffelt, Freiburg 2003, 368–420, hier: 397.

10   A. a. O., 399.

11   „Der Geist weht, wo er will, und du hörst sein Sausen, aber du weißt nicht, woher er kommt und wohin er geht; so ist jeder, der aus dem Geist geboren ist." (Joh 3,8)

12   „Der Herr aber ist der Geist"; 2Kor 3,17.

13   Waaijman folgt dabei Sandra M. Schneiders IHM, *The Study Of Christian Spirituality. Contours And Dynamics Of a Discipline*, in: Studies in Spirituality 8(1998), 39; vgl. Kees Waaijman, *Handbuch der Spiritualität. Formen, Grundlagen, Methoden*, Bd. 2: Grundlagen, Mainz 2005, 14 f.

14   Unter dem Titel und zum Thema *Spirituelle Autonomie* ist am 2. und 3. Dezember 2022 in Frankfurt/Main eine von Hildegard Wustmans konzipierte Tagung veranstaltet worden.

15   Vgl. hierzu Hans-Dieter Bahr, *Die Sprache des Gastes. Eine Methaethik*, Leipzig 1994.

16   Vgl. 1Sam 16,14.

17   Die Überlegungen zur Erfahrung des Geists bewegen sich selbstverständlich in einem Verhältnis zu Karl Rahners diesbezüglicher Theologie. Auf eine Auseinandersetzung mit ihr ist hier jedoch verzichtet worden, da dies ausführlich geschehen ist in: Knut Wenzel, *„Der Fromme von morgen wird Mystiker sein, oder er*

wird nicht sein" (Karl Rahner). Spannungen im Begriff religiöser Erfahrung – und ihre theologische Unabdingbarkeit, in: Bertil Langenohl (Hg.), Zur Gegenwart des kommenden Gottes. Anstöße aus der Erfahrung suchenden Theologie von Tiemo Rainer Peters, Ostfildern 2023 (im Druck).

[18] Zu einer Philosophie des Intimen vgl. François Jullien, *Vom Intimen. Fern der lärmenden Liebe*, Wien 2014.

[19] Vgl. Herman Melville, *Bartleby the Scrivener*, erstveröffentlicht 1853 in Putnam's Magazine.

[20] Karl Rahner interpretiert Mt 10,19 so, dass hier der Geist uns davor warne, „eigensinnig die fühlbare und wahrnehmbare Sicherheit seines [i. e. des Geists] Erlebnisses haben zu wollen". Karl Rahner, *Die Kirche als Ort der Geistsendung*, in: Ders., Sämtliche Werke, Bd. 10: Kirche in den Herausforderungen der Zeit. Studien zur Ekklesiologie und zur kirchlichen Existenz. Bearbeitet von Josef Heislbetz und Albert Raffelt, Freiburg 2003, 317–321, hier: 321.

[21] Der Geist in mir mag von außen völlig unanschaulich sein und ist „von innen gesehen aber eine sobria ebrietas spiritus, eine nüchtern-klare Berauschung des Geistes". Ebd.

[22] Veröffentlicht 1965 auf dem Album *Bringing It All Back Home*.

[23] „Die Kirche erwacht in den Seelen": so beginnt Romano Guardinis Buch *Vom Sinn der Kirche* von 1922.

[24] „Die Kirche ist ja in Christus gleichsam das Sakrament, das heißt Zeichen und Werkzeug für die innigste Vereinigung mit Gott wie für die Einheit der Menschen untereinander"; Dogmatische Konstitution über die Kirche *Lumen gentium*, 1; die Kirche ist „das sichtbare Sakrament dieser [i. e.: von Gott gestifteten] heilbringenden Einheit" (LG 9); durch die Mitteilung des Heiligen Geists an seine Jünger hat Christus „seinen Leib, die Kirche, zum allumfassenden Heilssakrament gemacht" (LG 48).

[25] Beide Zitate aus: Michael Quisinsky, *Eine echte Seel-Sorge-Kirche*, in: CiG 38/2021, 6.

[26] Als Papst Benedikt XVI in den an die Kardinäle adressierten Abschiedsworten am 28. Februar 2013 (https://www.vatican.va/content/benedict-xvi/de/speeches/2013/february/documents/hf_ben-xvi_spe_20130228_congedo-cardinali.html; zuletzt aufgesucht am 6. Februar 2023).

[27] Vgl. Kees Waaijman, *Handbuch der Spiritualität. Formen, Grundlagen, Methoden*, Bd. 1: Formen, Mainz 2004, 25.

[28] Vgl. hierzu das Dekret über das Laienapostolat *Apostolicam actuositatem*; s. a. Knut Wenzel, *Das Zweite Vatikanische Konzil. Eine Einführung*, Freiburg 2014, 177–190, bes. 185–189.

[29] Ramón del Valle-Inclán, *Frühlingssonate. Memoiren des Marqués de Bradomín* (1904), Berlin 2022.

[30] „Von ferne, wie durch eine lange Reihe von Säulenhöfen, sah ich María Rosario, in einem Buche lesend, am Brunnen sitzen: Die Augen unverwandt auf die glückliche Erscheinung geheftet, ging ich weiter. Beim Geräusch meiner Schritte hob sie leicht den Kopf, und mit zwei Feuerrosen auf den Wangen senkte sie ihn wieder und fuhr fort zu lesen. Ich blieb stehen, weil ich erwartete, daß sie entfliehen würde, und konnte die zarten Worte nicht finden, die ihrer eucharistischen Anmut einer weißen Lilie angemessen waren." (A. a. O., 84)

[31] Vgl. a. a. O., 72.

[32] Vgl. Jan Wagner, *Ein Knauf als Tür. Wie Gedichte beginnen und wie sie enden*, München 2014, 29–32, für das Zitat: 32.

[33] Vgl. Bob Dylan, *The Philosophy Of Modern Song*, London: Simon & Schuster, 2022, 29 f.

[34] Vgl. 1Kor 12,4–10.

[35] 1Kor 14,2.

[36] Vgl. 1Kor 12,7; 14,12.

[37] Anne Carson, *Irdischer Durst*, Berlin 2020, 39.

[38] Luka Holmegaard, *Look. Lesarten*, Berlin 2022, 41.

[39] Sylvain Tesson, *Notre-Dame de Paris. O Königin der Schmerzen*, Berlin 2023, 25.

IV Das Kreuz Jesu Christi:
Zeichen des Lebens
unter Bedingungen des Todes

Sollen wir nicht glücklich sein? Wo doch das Streben nach Glück (*pursuit of happiness*) als ein Grundrecht der Moderne in die Verfassung der USA aufgenommen ist! Und wird, wenn es solchermaßen dem Fundament unseres westlich-modernen Selbstverständnisses eingeschrieben ist, das Streben nach Glück nicht nur zu einem Anspruch, sondern nachgerade zu einer moralischen Pflicht – so dass, wer nicht glücklich ist, etwas falsch machen muss, im menschlichen und moralischen Defizit lebt? Und will uns eine neu belebte „Philosophie der Lebenskunst" nicht lehren, wie wir uns dies herbeiführen können: ein gelungenes, geglücktes Leben, das am Ende satt sich gerundet haben wird, ohne dass ein Rest bliebe? Und sind zu diesem Zweck nicht auch die Religionen wieder entdeckt worden, der religiöse Glaube: Wer glaubt, lebt gesünder, erfolgreicher – besser?

Kreuz und Inkarnation

Der christliche Glaube – und der Glaube Jesu – sind ihrem Selbstverständnis nach nicht glücksproduktiv. „Glück – nicht auf meiner Prioritätenliste" (*happiness is not on my list of priorities*): so sagt es Bob Dylan in einem Interview. Dass Erlösung und Heil nicht gleichbedeutend sind mit Glück und dass es das Kreuz Jesu Christi ist, an dem eine solche Identifizierung zerschellt, mag man dem Christentum verübeln bis heute. Freilich, christliche Verkündigung und christliches Glaubensbewusstsein haben übertriebene, aufdringliche, peinigende Formen der Rede von Sünde, Kreuz und Erlösung hervorgebracht, entlang der Jahrhunderte und quer durch die Kirchen und Konfessionen. Der Einspruch, dass nicht das Wort von der Sünde das erste und zentrale Wort des christlichen Glaubens sein darf und dass deswegen auch die Erlösung von der Sünde nicht die exklusive oder auch nur primäre Heilsaussicht sein kann, ist unabweisbar: Kann es denn sein, dass Gott sich mit der Sphäre des Menschlichen bis zum Letzten, bis zum Tod, identifiziert hat, weil der Mensch gesündigt hat – und es ohne die Sünde nicht getan hätte, sich nicht „inkarniert" hätte? Dann hätte ja des Menschen Sünde Gott zur radikalsten Ent-Äußerung seiner selbst provoziert, die sonst unterblieben wäre. Müsste aber solche göttliche Radikalität der Selbst-Entäußerung des Absoluten ins Relative, Bedingte, Endliche statt in etwas Negativem – und was wäre negativer als die Sünde? – nicht im Positiven schlechthin begründet werden: in Gott selbst? So dass es für Gottes Selbst-Mitteilung in das Fleisch, in die stofflich-körperlich-geschichtliche Wirklichkeit der Menschen, keinen anderen Grund geben kann als – die absolute, unbedingte, unverfügbare Liebe Gottes zur Welt und zu den Menschen?

Es bleibt aber die Anstößigkeit des Kreuzes.[1] Sie wird ja nicht nur extern, unter dem christlichen Glauben fern oder ablehnend (gegenüber) Stehenden wahrgenommen, sondern durchaus im Umgang des Christentums mit sich selbst. Die frühe Kirche hat sehr wohl gewusst, dass der Kreuzestod Jesu Christi keineswegs zur Attraktivität dieser neuen Religion beiträgt. Die Doppelkodierung Jesu Christi als zugleich Gott und Mensch hat zu keiner Erleichterung geführt: Ist ein Gott den Schandtod am Kreuz gestorben, wie soll er dann retten, überhaupt Gott sein können? Ist ein Mensch, aber doch Prophet, Bote, etc., diesen Tod gestorben, wie soll dann seine Botschaft glaubwürdig sein? Das Christentum führt ein Wissen um die unverdauliche Widerspenstigkeit der Botschaft vom Kreuz mit sich; nicht ohne Grund hat etwa der Jesuit Matteo Ricci in seiner China-Mission die Rede vom Kreuz aus der Erstbegegnung mit dem Christentum herausgenommen und dem inneren Bereich der schon Eingeweihten vorbehalten. Auch wer diesem Weg nicht zustimmen mag, und es gab bereits zu Lebzeiten Riccis Debatten um seine Missionsprogrammatik, die in den 1742 durch Papst Benedikt XIV. gegen Ricci entschiedenen Ritenstreit mündeten, wird doch an dieser paradigmatischen Auseinandersetzung die Anstößigkeit des Kreuzes auch innerhalb des Christentums ablesen können. Das Zeichen des Kreuzes unterhält im Zentrum des christlichen Glaubens eine eigentümliche, irritierende Lebendigkeit.

Wäre es nicht besser oder klüger gewesen, dem Kreuzestod Jesu keine weitere theologische Bedeutung beizumessen, ihn langsam in Vergessenheit geraten zu lassen und das Zeichen des Kreuzes überhaupt zu meiden? Es hat solche Tendenzen von Anfang an gegeben. Und es gibt sie bis heute. Die Umdeutung Christi, des Logos, zu einer gnostischen Erlöserfigur, die gekommen ist, den Seelen das rettende Wissen (die *gnōsis*) um den Weg heraus aus der Not dieser Welt in die Fülle (das *plērōma*) mitzuteilen, wäre eine solche todesflüchtige Tendenz. Überhaupt hat jede Deutung, die die Inkarnation, mit der doch der Skandal der Behaftung Gottes mit Menschlichem anfängt, herunterdimmt zu einem bloßen Scheingeschehen – nur schein-

haft nimmt der Logos Menschengestalt an, wirft sie sich
bloß über wie ein Gewand, verkleidet sich als Mensch,
ohne je wirklich ein solcher zu werden – auf diesem Weg
auch noch die Problematik des Kreuzes mit entsorgt. Die
gesamte Sphäre des Menschen Jesus ist für das Heils-
geschehen irrelevant, und damit auch Jesu Tod am Kreuz.
All das hat die Seinsqualität des Uneigentlichen. Solche
Vorstellungen kapitulieren aber vor der Aufgabe, das reale
Zusammenkommen des Göttlichen mit dem Menschlichen
in und durch Jesus aus Nazaret zu denken.

Kreuzespassionen

Nun aber – kommt mit den Evangelien eine Darstellungs-
und Redeform auf, die von Gott spricht, indem sie vom
Menschen Jesus erzählt. Sie erzählt keine antike Helden-
biographie, etwa nach Art der Legenden um Herakles,
sondern: Sie nimmt ihren Ausgang von dem Geschehen
des Leidens und Tods Jesu. In einem sprichwörtlich gewordenen Diktum hat Martin Kähler die Evangelien als „Pas-
sionsgeschichten mit ausführlicher Einleitung" bezeichnet.
Das Genre des Evangeliums, das dem Christentum seinen
Stempel aufgeprägt hat, befolgt also die Empfehlung zur
Todes- und Kreuzesvermeidung gerade nicht, ist vielmehr
gegen sie aufgeboten worden und hat den Kreuzestod Jesu
ins Zentrum gerückt. Aus Leidenslust? Es gibt dies, als Verlangen nach Teilhabe am Leiden Jesu; zu denken wäre etwa an Bernhard von Clairvaux, an die von ihm mit ange-
stoßene Passionsfrömmigkeit und -mystik seit dem späten
13. Jahrhundert, an die Stigmatisierung des Franziskus.
Extreme Ausdrucksformen reflektieren extreme Wirklich-
keitserfahrungen. Niemand will frei und von sich aus das

Leid. Doch unter Bedingungen der (politischen, ökonomischen, gesellschaftlichen, geschlechtsspezifischen ...) Unfreiheit – kann die Identifikation mit dem Leiden Jesu Befreiung bedeuten. Freisein in einem unantastbaren Bezirk des Leidens. – Leidensmystik sucht unter den deformierenden Bedingungen der Unfreiheit nach Räumen einer unangreifbaren Ausdrucksfreiheit. Haben uns diese Überlegungen von einer Theologie des Kreuzes entfernt? – Im Gegenteil.

Die Passionsfrömmigkeit setzt das Faktum der Passion und des Tods Jesu voraus. Ohne dass diese Frömmigkeit in ihren extremen Formen als maßstäblich hingestellt werden soll (das Extreme kann nie das Maß sein): Besteht nicht zwischen ihr und dem Leid und Tod Jesu eine Kongruenz – die nämlich der radikalen Unversöhntheit dieser Welt? An ihr kommt Jesus zu Tod; auf sie reagieren Menschen unter bestimmten geschichtlichen, sozialen und kulturellen Bedingungen mit Ekstasen der Leidensmimesis.

Kreuz des Anstoßes

Man kann hieran Anstoß nehmen. Meist artikuliert sich solcher Anstoß als Zurückweisung des Kreuzes. Navid Kermani hat solchen Anstoß genommen. Er ist Muslim, Islamwissenschaftler, Literat und war 2008 als Stipendiat der Villa Massimo in Rom. In einem auf diesen Aufenthalt zurückgehenden Beitrag für die Reihe „Bildansichten" der Neuen Zürcher Zeitung vom 14. 3. 09 beschreibt und bedenkt er seine Wahrnehmungen, Reaktionen und Reflexionen angesichts einer Kreuzigungsdarstellung des bereits klassizistisch temperierten Barockmalers Guido Reni in der Kirche San Lorenzo in Lucina. Dieser Beitrag hat mit einer gewissen Verzögerung erhebliche Unruhe gestiftet, als der damalige Kirchenpräsident Peter Steinacker und Kardinal Karl Lehmann sich öffentlich weigerten, den gemeinsam an die drei Personen sowie an Salomon Korn verliehenen Hessischen Staatspreis entgegen zu nehmen, da sie sich durch Kermanis Anstoßnahme am Kreuz skandalisiert fühlten. Kermani schreibt, „Kreuzen gegenüber bin ich prinzipiell negativ eingestellt ... Gerade weil ich ernst nehme, was es darstellt, lehne ich das Kreuz rundherum ab. Nebenbei finde ich die Hypostasierung des Schmerzes barbarisch, körperfeindlich, ein Undank gegenüber der Schöpfung, über die wir uns freuen, die wir genießen sollen, auf dass wir den Schöpfer erkennen." Kreuzestheologie bezeichnet Kermani als „Gotteslästerung und Idolatrie". „Für mich ... ist das Kreuz ein Symbol, das ich theologisch nicht akzeptieren kann."

Wie gesagt, Anstoß genommen wird am Kreuz. Zu unterscheiden ist aber: Gilt der Anstoß der anamnetischen Präsenz des Kreuzestods Jesu selbst oder den Formen und Gestalten, die dies Erinnerung in Theologie, Ikonographie, Liturgie und Frömmigkeit angenommen hat? Bemerkenswerterweise vermischt solche Anstoßnahme diese beiden Ebenen in der Regel. So auch bei Kermani. Dass er den Imperativ der Freude an der Schöpfung gegen das Kreuz aufbietet, zielt auf die Memoria des Kreuzestods Jesu selbst. Denn an ihm bricht sich offensichtlich eine einfache, undialektische Schöpfungsfreude. Wenn er aber die Hypostasierung des Schmerzes zurückweist, richtet sich dies gegen eine Passionsfrömmigkeit, die man womöglich als solche für extrem halten kann. Der Verdacht liegt nahe: In der Anstoßnahme an extremer Leidensfrömmigkeit wird eigentlich zurückgewiesen, dass Leid und Tod überhaupt ins Zentrum religiöser Aufmerksamkeit rücken.

Kermani steht nicht an, diesen Verdacht umgehend zu bestätigen: Angesichts der Kreuzesdarstellung Guido Renis dachte er, „ich könnte an ein Kreuz glauben". Warum plötzlich dies? – Weil Reni den Schmerz nicht zeigt, das Leiden „ins Metaphysische" überführt – was immer das sei. „Sein Jesus hat keine Wunden, keine Abzeichen der Striemen und Hiebe, ist schlank, aber nicht abgemagert." Also: ein junger, körperbewusster, versehrungsfreier, metroaktiver Sympathieträger – ein Typos, ein Typ, keine Person mit be-zeichnender Geschichte, sei sie nun leidvoll oder anders. Kermani ist mit Guido Reni in die Seiten einer urbanen Hochglanz-Trend-Überflüssigkeit gerutscht. Dass ein solcher Szene-Typ am Kreuz hängt, kann dann nur noch eine sehr müde ironische Reminiszenz sein. Totales *Fin de siècle*, ohne jede Erschließungskraft, denkbar weit entfernt von der irritierenden Lebendigkeit der Kreuzeserinnerung im Zentrum des christlichen Glaubens.[2] Die sich angesichts dieser Darstellung einstellende Möglichkeit, „an ein Kreuz [zu] glauben", mutet dann wie ein religiös verbrämter Ästhetizismus an, ähnlich dem Martin Mosebachs.[3]

Zeichen und Zeugnis für den Gott des Lebens

Das Kreuz ernst nehmen ... sich an der Schöpfung erfreuen: Jesus war nach allem, was wir sagen können, ein lebenszugewandter Mensch. Wenn wir in Wundergeschichten wie der von der Hochzeit in Kana (Joh 2,1–12), von der Speisung der Vielen (Mk 6,30–44parr; Mk 8,1–10par), aber auch in Berichten von Krankenheilungen, ja Totenerweckungen (vgl. exemplar. Mk 5,21–43parr) durch Jesus, auch wenn sie spätere Erzähldichtungen sind, noch

71

eine authentische Resonanz des Geists Jesu erkennen, sie
als literarische Gestalten der ursprünglichen Botschaft Jesu
lesen dürfen, dann war Jesus von einer Spiritualität der
Schöpfung, der lebendigen Überfülle geleitet. Denn auf
die präsente Lebendigkeit in unausschöpflicher, niemanden ausschließender, niemanden in Depravation oder gar
in der endgültigen Lebensverneinung des Tods zurücklas-
sender Fülle sind diese Zeichenhandlungen ausgerichtet.
Doch der durch diese und andere Erzählungen kenntliche
Jesus war kein Illusionist. Seiner Verkündigung einer
schöpfungssignierten Lebendigkeit gab er die Gestalt der
basileia-Botschaft: Damit wird die Geschichte, und deswegen die reale, politisch und ökonomisch geprägte Wirklichkeit der Menschen zum Ort, an dem sich insgesamt und
je und je neu entscheiden muss, ob jene Lebendigkeit, die
dem allgemeinen Heilswillen Gottes (1 Tim 2,4) entspricht,
Fuß fassen und sich in der Weise ausbreiten kann, dass sie
einst die gesamte Geschichte und die Welt insgesamt
durchwirkt und umgriffen haben wird. Zuende gedachte
Inkarnation bedeutet: Gott ist erst „Fleisch geworden",
wenn er „alles in allem" (1 Kor 15,28) ist, wenn Menschen-
geschichte und Welt insgesamt das Angebot unbedingter
Liebe angenommen haben werden und erst so und erst
dann sich diese Liebe vollends und vollgültig verwirklicht
haben wird. Gott macht das Ankommen seiner Liebe und
damit seiner selbst von der Zustimmung der Menschen ab-
hängig.

Diese real-geschichtliche Heilsperspektive wird nicht
konterkariert, sondern radikalisiert, wenn die Vorstellung
von Christi Abstieg in das Reich des Tods auch die Toten,
die Opfer der Geschichte noch in jene Lebendigkeitsverhei-
ßung einbezieht. Für deren Leben kann die Geschichte in
ihrem linearen Fortschreiten selbst nicht aufkommen;

ohne deren unverlierbares Leben-Können müsste sich aber der Geschichtsprozess als real existierende Aporie, im Absurden, vollenden.

Zum Kreuz kommt es also, weil Gott sich in die Konflikte menschlicher Wirklichkeit hineinbegibt, in die reale, tödliche Unversöhntheit unserer Welt. Zum Kreuz kommt es, weil Jesus diesen Weg Gottes, der ihn absolut involvieren wird, auf sich nimmt. Soll also dem Kreuz ein Platz in einem „Heilsplan" Gottes zugewiesen werden, dann dieser: Es entspricht dem Willen Gottes, sein Heil durch die Motive, Ziele, Entscheidungen und Handlungen der Menschen hindurch zu verwirklichen (und nicht an ihnen vorbei, über sie hinweg); so aber, dass Leid, Schuld und Tod, von denen die Lebens- und Handlungswirklichkeit der Menschen verletzend durchprägt ist, nicht abgeschieden, sondern heilend mit aufgenommen werden; und so, dass im selben Vollendungsprozess Opfer und Täter in Versöhnung und Gerechtigkeit zur Geltung gebracht sind. Heil, das sich mit dem Rücken zu realem Leid, realer Schuld, realem Tod produzieren wollte, wäre nichts und nichtig.

Eine Selbstvergegenwärtigung Gottes, die durch das Kreuz geht, geht durch die tiefste Tiefe menschlicher Wirklichkeit, nämlich durch das Schicksal ihrer Schuld anzeigenden Vernichtung, und nimmt den Menschen noch in dieser Todestiefe mit auf und an. Der Skandal des Kreuzes besteht nicht etwa in der Aus-Stellung eines leidens- und todeslüsternen Gottes, sondern in der Be-Zeichnung einer leidens- und todesverwundeten Menschenwelt. Das Paradox des Kreuz-Zeichens besteht dann darin, dass es Leid, Schuld und Tod als Insignien unserer Wirklichkeit mit einer Deutlichkeit markiert, von der wir nun nicht mehr absehen können – und dass es in ebendieser Exponierung Leid, Schuld und Tod das letzte, endgültige Wort über alles

Lebendige ab-spricht. Nicht der Tod triumphiert im Kreuz, sondern der, welcher sich bei seinem Leben für den lebendigen Gott involvieren lässt. Obsiegt hat nicht (sondern nur dem Schein nach) die Gewalt der weltlich Mächtigen, sondern der (dem Anschein nach Gescheiterte), der alle Prätentionen von Macht zurückwies, der die Todesmächte unterlief, und durch den „Gottes wehrlose Übermacht"[4] sich vergegenwärtigt hat. Gescheitert wäre Jesus, wenn er den Weg zum Kreuz als die letzte Konsequenz seiner Treue zum Vater, zur *basileia*-Botschaft und zu den Menschen, die ihm glaubendes Vertrauen geschenkt haben, ausgeschlagen hätte. Am Ende sind die gescheitert, welche ihn haben scheitern lassen wollen: an seiner Entschlossenheit zum Vater als Quell und Fürsprecher alles Lebendigen.

Kreuz und Auferstehung

Deswegen kann, fußend auf der Lebensentscheidung des Menschen Jesus, das Kreuz als Zeichen des Lebens gedeutet werden, wie dies etwa im Apsismosaik der Kirche von San Clemente in Rom geschieht; die Deutung des Kreuzes als Baum des Lebens – eines neuen, erneuerten, wieder neu eingesetzten, gegen die Todesmächte bestätigten Lebens – ist ein verbreitetes ikonographisches Motiv. Wird es zurück-gelesen auf das Lebens-, Todes- und Auferstehungsgeschick Jesu, ist es eine legitime Kreuzesdeutung. Es erinnert daran, dass keine Kreuzestheologie ohne Auferstehungstheologie sein darf: Dass in der im Sterben am Kreuz sich vollendenden, ungedeckten Treue Jesu zum Vater als zu dem Gott des Lebendigen tatsächlich und gegen den Augenschein ebendieser Gott gegenwärtig ist, dies findet seine endgültig ins Recht setzende Bestätigung in der

Auferweckung Jesu. Wird das Kreuz von der Auferstehung und die Auferstehung vom Kreuz her gelesen, ergibt sich ein geschichtstheologischer Deutungsraum, dessen politische Brisanz Jon Sobrino auf die radikale Formel gebracht hat, dass die Opfer vom Kreuz, von ihren Kreuzen zu nehmen, als Auferstandene zu betrachten sind.[5]

Anmerkungen

[1] Zu einer Theologie des Kreuzes ist vor allem zu verweisen auf: Jürgen Moltmann, *Der gekreuzigte Gott. Das Kreuz Christi als Grund und Kritik christlicher Theologie*, Gütersloh ^{9}2002. Vgl. auch Knut Wenzel, *Der Gott, der sich als Wahrheit erweist. Dogmatische und bibeltheologische Perspektiven*, in: Ottmar John/ Matthias Möhring-Hesse (Hg.), Heil – Gerechtigkeit – Wahrheit, Berlin u. a. 2006, 165–193.

[2] Die womöglich anstößige Zentralität des Leidensgedächtnisses im christlichen Glauben ist paradigmatisch durchdacht worden von Helmut Peukert, *Wissenschaftstheorie – Handlungstheorie – Fundamentale Theologie. Analysen zu Ansatz und Status theologischer Theoriebildung.* Erweiterte Neuauflage, Frankfurt 2009, bes. 300–355.

[3] Zu einer ausführlichen theologischen Stellungnahme zu Kermanis Polemik gegen die Kreuzestheologie siehe Knut Wenzel, *Die Wucht des Undarstellbaren. Bildkulturen des Christentums*, Freiburg 2019, 288–300.

[4] Vgl. Edward Schillebeeckx, *Overwegingen rond Gods ‚weerloze overmacht‘*, in: Tijdschrift voor Theologie 27(1987), 370–381.

[5] Vgl. Jon Sobrino, *Der Glaube an Jesus Christus. Eine Christologie aus der Perspektive der Opfer.* Herausgegeben und mit einer Einleitung versehen von Knut Wenzel, Ostfildern 2008.

V Offenbarung:
In-Kulturierung des Unverfügbaren

An-Spruch, der mich trifft

Wird Offenbarung von der Kirche auch als ein öffent-
liches, an sie adressiertes Geschehen begriffen, und bemisst
konventionelle Theologie die Faktizität der Offenbarung
auch am äußerlichen Phänomen des Wunders, an der öffentlichen Proklamation geoffenbarter Sätze, so stellt Karl
Rahner Offenbarung unter Bezugnahme auf Ignatius von
Loyola als „unmittelbare Begegnung zwischen Geschöpf
und Gott" vor, mithin als ein außerordentlich intimes Geschehen.[1] Diesem Weg wird auch im folgenden Kapitel gefolgt.

Die Offenbarung ist das fremde Wort, das mich trifft.
Ich habe es nicht gedacht, du hast es nicht zu mir gesagt,
kein Lied hat es mir ins Ohr gesungen, über kein Netzwerk
ist es mir zugespielt worden. Wie es gekommen ist, mit
welcher Vehemenz es jetzt da ist, in welcher Sprache es sich
unwidersprochen Zugang zu meinem Innersten verschafft:
alles an diesem Wort ist fremd. Wie es als dieses fremde
Wort in meinem Herz erklingt, als wäre es mir urvertraut:
noch darin ist es fremd. Habe ich es ersehnt, verlangt, be-
stellt, folgt sein Erscheinen einem Plan? All das nicht. Un-
verfügbarer, unbestimmbarer – fremder – kann nicht sein,
was durch und durch mir geht: Offenbarung. Gesprochen
durch mich selbst – das fremde Wort (der) Offenbarung.

Bloß ein Wort? – In seiner Blöße mehr als ein Wort.
Berührt bin ich worden, ob lind, ob hart, ob Hauch, ob

Schlag, in das Gefühl hat mir die Offenbarung sich gegeben, sinnlich, seelisch, geistig hat sie sich mir eingegossen, empfänglich, durchlässig bin ich, schutzlos penetrabel. Die Offenbarung hat von außen mich zuinnerst komplett ergriffen: das bloße Wort ist stofflich, ich spür's – leiblich-seelisch-geistige Resonanzen des Offenbarungsworts. Der Leib-Seel-Geist-Durchgriff durch meine Existenz ist kein naturales Ereignis, nichts aus dem Spektrum zwischen, etwa, Fieberschauer und Gewittersturm. Er ist die Korporealisation[2] eines *Anspruchs*. Paul Ricœur begreift Offenbarung als Anspruch – der freilich nicht bestimmt und vorschreibt, sondern hervorlockt, appelliert: an die Einbildungskraft: „*Anspruch* kann zwei verschiedene Dinge meinen: eine unberechtigte und inakzeptable *Forderung* oder einen *Anruf*, der seine Annahme nicht erzwingt. ... Denn an wen richtet sich das dichterische Wort des Exodus und der Auferstehung ..., wenn nicht an unsere Einbildungskraft eher als an unseren Gehorsam?"[3] Ein Anspruch jedenfalls ist intentionale, bedeutungsvolle – personale – Mitteilung mit Dringlichkeitsvermerk: Das fremde Wort der Offenbarung, das mich im Geist fordert, in der Seele ergreift, im Leib durchdringt, hat in seiner Blöße eben nicht nur Zeichencharakter, sondern leibliche Präsenz, personale Initiative.

Dem Anspruch des Offenbarungsworts ist die Energie eines Willens unterlegt. Insofern es an mich gerichtet ist, insofern ich die mich meinende Adresse zulasse, will es von mir – primär nicht etwas, nur nachgeordnet eine bestimmte Sache (das Einhalten von Geboten, das Festhalten von Glaubensgehalten, die Ausübung eines Kults ...), vielmehr: mich. Diese unbedingte, auf keine Beschränkung rückführbare Beanspruchung meiner selbst erlaubt es nicht, die Konzeption von Offenbarung unterhalb der per sonalen Ebene anzusetzen. Das Wort der Offenbarung begegnet mir als *bedeutungsvolles Zeichen*, trifft mich als *integral leiblich-seelisch-geistige Gegebenheit meines Gefühls*, nimmt mich mit der *Absolutheit des Subjekts* in Anspruch. Eine solche Phänomenologie der Offenbarung stellt nichts anderes als die phänomenologische Erschließung des *theologoumenons* vom *Logos incarnatus* dar, des Mensch gewordenen Gottesworts.

Die kulturelle Erschließbarkeit der Offenbarung

Doch das ist schnell geschlossen. Zunächst bewegt die phänomenologische Hermeneutik der Offenbarung sich im nicht-religiösen, nicht-biblischen, nicht-christlichen Bereich des bloß Anthropologischen. Paul Ricœur hat dies in seiner Philosophie der Offenbarung ausgearbeitet. Sein Punkt, der eben in eigener Verantwortung frei variiert worden ist: Der Mensch ist offenbarungsfähig.[4] Die Struktur der Offenbarung – die unableitbare Manifestation einer Bedeutung, die als mir fremde mich dennoch oder deswegen ergreift, erschüttert, beansprucht – ist genuine Wirklichkeit des menschlichen Erfahrungsfelds und kann deswegen dem Subjektdenken auch nicht unerschwinglich sein. Das Subjekt mit dem unableitbar Neuen und Anderen, dessen Ver-Gegenwärtigung erschütternde, grundstürzende Auswirkungen haben kann, als inkompatibel zu denken, erinnert an eine fehllaufende Monadologie des Subjekts, durch welche dieses nach außen komplett abgedichtet wird, ohne dabei wenigstens zu realisieren, dass die fensterlose Monade alles in sich enthält – wenn nicht *materialiter*, so doch der Struktur nach.

Wenn es heißt, dass es zur Offenbarung als christlicher

Deutekategorie der „Sinnbestimmung menschlichen Lebens" gehöre, „dass der Grund dieser Deutung nicht einfachhin mit der Selbstexplikation menschlicher Subjektivität zusammenfällt"[5], fragt sich, als wie tiefgehend der Schnitt einer Verneinung des Zusammenfalls gedacht ist. Soll hier eigentlich gesagt werden, dass Offenbarung mit der Selbstexplikation des Subjekts schlechterdings nicht erreichbar sei? Dann würde umgekehrt Offenbarung das Subjekt auch nicht treffen können. Jede weitere sich als heutig verstehende offenbarungstheologische Argumentation wäre überflüssig. – Die in diesem Kapitel angestellten Überlegungen zielen aufs Gegenteil, auf eine hermeneutisch informierte Begründung der Offenbarungsfähigkeit des Subjekts, die zugleich die dieser „Fähigkeit" inhärente Verletzlichkeit des Selbsts exponiert.

In ihren Frankfurter Poetikvorlesungen, in denen sie erzählend über ihr Schreiben nachdenkt, legt Judith Hermann die gerade entwickelte vor-religiöse Offenbarungsstruktur als Kern ihrer eigenen Arbeit frei: „Jede Geschichte hat ihren ersten Satz. Nicht der Satz, mit dem die Erzählung im Buch beginnt, sondern der Satz, mit dem sie in meinem Kopf beginnt. ... Ich höre diesen Satz, und dieses Hören ist begleitet von einer nur sekundenlangen, aber eindeutigen und unmittelbar körperlichen Empfindung – ein Erschauern, Vorahnung, eine Gänsehaut. Da ist das Gesagte, ja. Information, Behauptung, Ansicht oder Frage, einige Worte aneinandergereiht, Punkt am Ende oder Fragezeichen oder Gedankenstrich – und da ist etwas ganz anderes, unterhalb oder außerhalb des Gesagten, ein doppelter Boden, ein Hinweis auf etwas, das ich nicht erkennen, nur erahnen kann. Jemand sagt dieses und sagt eigentlich etwas anderes und darunter etwas Drittes, von dem er selbst gar nichts weiß, und das zieht an mir vorüber, und im allerletzten Moment halte ich es fest. Ich hebe es auf, stecke es ein. Beinah Sehnsucht: Die eine Geschichte zu finden, in der eine Figur diesen Satz zu einer anderen Figur sagen kann, und damit verbunden die Fixierung einer Empfindung, und damit verbunden vielleicht eine Erkenntnis."[6]

Judith Hermann evoziert das Ereignis einer unverhofften Ermöglichung von Bedeutung: ein wie aus dem Nichts erklingender Satz als der mögliche Ursprung einer erst noch zu findenden, zu schreibenden Geschichte. Sie legt damit am Grund ihrer literarischen Kreativität eine profane Offenbarungsstruktur offen, ohne das Wort an dieser Stelle zu verwenden. Ist die hier skizzierte Konstellation nicht religiös intendiert, fällt später tatsächlich der Begriff „Offenbarung", in einem für das Buch entscheidenden Zusammenhang, in dem nämlich auch die titelgebende Aussage getroffen wird. Beinahe wäre es zwischen der Erzählerin und einer weiteren Figur zu einem unfreiwilligen Klausurwochenende gekommen, à deux eingeschlossen in ein Provinzmuseum, für das die imaginierende Erwartung lautet: „wir hätten uns alles gesagt"; die Umstände haben im letzten Moment die Abzweigung ins Alltägliche genommen, und nach dieser verpassten Gelegenheit ist „uns ... beiden klar, dass es zu dieser Offenbarung nicht mehr kommen wird".[7] Der Begriff wird nicht fahrlässig eingesetzt, eine religiöse Hintergrundstrahlung ist nun schon gewollt: als emphatische Betonung einer letzten Rückhaltlosigkeit, mit der dieses Offenbarungsereignis zwischen den Beiden stattgehabt hätte. Nicht alle Bedeutungsnuancen können hier fortgesponnen werden; so klingt auch Skepsis ob der Güte eines solchen Offenbarungsereignisses wechselseitiger Rückhaltlosigkeit an. Es bleibt der Eindruck, als sähe Judith Hermann die Offenbarungsdimension jenes Ereignisses an dessen Verpasstheit gekoppelt: Offenbarung im Modus der Vergeblichkeit, des Irrealis. Das fügt sich in den Geheimnischarakter des Erzählens ein – „Schreiben heißt Zeigen und es heißt Verbergen"[8] –, wenn nicht Geheimnischarakter der Wirklichkeit. Indem sie den zuvor zitierten Satz in den Titel ihrer Poetikvorlesungen hebt, stellt Judith Hermann ihr ganzes Nachdenken über ihr Schreiben (über *das* Schreiben) unter das Thema der Offenbarung im Modus der Vergeblichkeit. Ist das ein Verweilen in Unverbindlichkeit? Jener Andere, mit dem es beinah zur Klausur im Museum gekommen wäre, photographiert dort ein altes Bild, „Die Erschießung des letzten Wolfes in J.". Ein Nachtstück, es ist so dreckig und rußig, dass mit bloßem Auge fast nichts zu erkennen ist. Das Photo bringt dann den Wolf ans Licht. – Judith Hermann will erzählen – zeigen –, „ohne ihn [den Wolf] zum Abschuss freizugeben"[9] – verbergen. Deswegen ist „ihre" Offenbarung nicht die Enthüllung – das hieße den Wolf zum Abschuss freigeben –, sondern durch die Erzählung ermöglichte Eröffnung neuer Bedeutungsmöglichkeiten, die sich über die Geschichte hinaus verwirklichen: „Ankunft – das Finale – findet nur außerhalb der Geschichte statt, weit hinter ihrem Ende. Ich möchte behaupten, alle Geschichten haben ein offenes Ende, das offene Ende macht sie aus."[10]

Generell muss eine Bedeutung nicht religiös kodiert sein, um theologisch relevant, ja verbindlich zu sein. Die diskursiv ungebundene Bedeutung – Bedeutung: sprachlicher Sinn, der auf Wirklichkeit verweist und in dieser Verweisung mit Wirklichkeit aufgeladen wird – kann mit einer nonchalanten Selbstverständlichkeit und Unbedingtheit absolutheitsoffen – gottesoffen – sein, ohne erst einen Katechismus-Check durchlaufen zu müssen. Judith Hermann bringt diese Absolutheitsoffenheit in dem beinah ansatzlos gebrauchten Wort *Sehnsucht* unter: „Beinah Sehnsucht." Offenbarung ist, auch profan, sehnsuchtsproduktiv. Selbst wenn der literarischen Sehnsucht der theologisch objektivere Begriff der *Verheißung* beigesellt wird, ändert das nichts an der Grundrichtung des hier gemeinen Verständnisses von Offenbarung: Sowohl die Sehnsucht als auch die Verheißung sind auf Zukunft orientiert; Offenbarung ist auf Zukunft geeicht. Statt die alles abschließende Mitteilung einer definitiven Bedeutung zu sein, ist Offenbarung die Öffnung einer so unabgeschlossenen wie bedeutungsträchtigen Zukunft. Ultimativer Bestimmungsgrund dieser an sich unbestimmten Zukunft ist der absolut unbestimmte (also solchermaßen bestimmte) Gott und sonst nichts.

In einer profan-anthropologischen Annäherung bedeutet „Gott" zunächst die ultimative Unbestimmtheit dieser Öffnung aufs Absolute zu. Andere Ziel- oder Bedeutungsbestimmungen als „Gott" können nur zu kurz greifen, sind Verendlichungen. „Gott" als Destinationsangabe hält die Öffnungsbewegung – die „Sehnsucht" Judith Hermanns, das Schreiben einer Geschichte – über ihre endliche Bestimmung hinaus offen. In ihrer Antwort auf den Vorwurf, sie habe nichts zu erzählen, kommt Judith Hermann in ihrer Weise auf diese wesentliche Offenheit des endlichen Zeichens zu sprechen: Dieser Vorwurf habe „eine eigenartige Wahrheit: Ich habe nichts zu erzählen, weil ich das, was ich eigentlich zu erzählen habe, nicht erzählen kann. ... Nein. Keine Geschichte ist die, die ich erzählen wollte oder müsste. Aber ich kann davon erzählen, dass ich das Eigentliche nicht erzählen kann, das Verschweigen des Eigentlichen zieht sich durch alle Texte".[11] Es ist eine Sache, den Zeichen aufgrund ihrer Endlichkeit jedes Fassungsvermögen für Bedeutungen abzusprechen; letztlich besteht die Endlichkeit des Zeichens, die ihm als Defizit angelastet wird, gerade in seiner Zeichenhaftigkeit. Bloß Zeichen zu sein heißt dann, nichts bedeuten zu können. Der gegen Judith Hermann gerichtete Vorwurf schlägt sich wohl auf diese Seite.[12] Auf derselben Seite der Depotenzierung der Referentialität des Zeichens, seines Vermögens, Wirklichkeit zu bedeuten, bewegten sich auch Spielarten von Postmoderne und Dekonstruktion, die den Diskursstab mittlerweile an die Kulturwissenschaften weitergegeben haben: „Zeichen" steht hier exemplarisch für Kultur insgesamt; kein Zeichen hat *Bedeutung*; über seinen *Sinn* gleitet der Diskurs von Zeichen zu Zeichen; die Metonymie ist das Emblem dieser Weltauffassung; das endlose Gleiten der metonymischen Bewegung wird – vor allem in der Poptheorie – lustvoll gefeiert, es ist aber leer; nicht die Sehnsucht ist die darin sich äußernde Haltung, sondern die Ironie, wenn nicht der Zynismus.

Etwas anderes ist es, dieselbe Konstellation zugunsten des Zeichens zu lesen. In seiner Endlichkeit eröffnet es die Möglichkeit von Bedeutung, die aber im Zeichen selbst noch keine Erfüllung findet. Das Zeichen, das in seiner Endlichkeit nicht bedeutungslos ist, sondern die Möglichkeit der Bedeutung in ihrer Unerschöpflichkeit vergegenwärtigt – dies ist die epistemische und poetische Konstellation, die in der Frühromantik unterm Begriff des *Fragments* ausgearbeitet worden ist: das Fragment als Anspielung aufs Ganze. Theodor W. Adorno, hier ganz der Frühromantik verpflichtet, denkt das Fragment nicht als Bruchstück und defizitär, sondern als die Gestalt, auf die hin Kunst, die aufs Ganze aus ist, jede Form übersteigen muss: „Den Kunstwerken ist ihre Form, ihr Ganzes und ihre Logizität ebenso verborgen, wie die Momente, der

Inhalt nach dem Ganzen begehren. Kunst obersten Anspruchs drängt über Form als Totalität hinaus, ins Fragmentarische."[13] Die Form – glatt, rund, passgenau gefügt – ist defizitär, das Fragment die Bedeutungsform des Absoluten im Endlichen.

Die verstörende Fragmentarität jeder weltlichen Offenbarungsgestalt

Keine Gestalt, so muss hieraus gefolgert werden, unter welcher Offenbarung hier und uns gegenständlich und fassbar wird, kann in sich vollendet sein. Sie wäre dann eingeschlossen in ihre endliche Form, immanentistisch abgedichtet, unempfänglich der Offenbarung. Ist das der Erklärungsgrund für den gewaltsamen Tod Jesu: hierin die Fragmentarität der Gestalt des Offenbarungs-Mittlers ausdrücklich werden zu lassen – in einem Leben, das sich nicht runden darf, das durch anderer Gewalt abgerissen wird von seinem Lauf? In der erlittenen Folter, den an ihm verübten Akten symbolischer und körperlicher Erniedrigung, in dieser leib-seelischen Qual, die im Kreuz als einer Todesart kulminiert, die im zugefügten Tod auch noch demütigt, indem sie die Qual, das hilflose Ausgeliefertsein ans Todesleid, geradezu ausstellt, ist der Offenbarungs-Mittler dem Menschen besonders nah. So lässt sich der Christus-Hymnus interpretieren, den Paulus im Philipperbrief zitiert:[14] Er (Christus Jesus) hielt nicht an seiner Gottheit fest wie an einem Raub, sondern entäußerte sich, gab sich hin an das Menschsein, wurde wie ein Sklave: Er wird Mensch in dessen niedrigster Gestalt der Würdelosigkeit, Ohnmacht, Ausgeliefertheit, als der Schwächste der Schwachen macht er sich menschlich geltend: Sklave des Leidens, des Sterbens, des Tods. Mit dieser kenotischen Inkarnation – dieser sich selbst entleerenden Menschwerdung – wird auch das Menschsein bestimmt: als prekär und verletzlich. Prekär: unsicher in seinem Fortbestehen, weswegen um dieses gebeten werden muss. Verletzlich: eigentlich – verletzt. Das ist der Mensch, den der Christus sich zu eigen macht; so ist der menschliche Anteil an der Offenbarung als Selbstmitteilung Gottes qualifiziert: existenzunsicher und verletzt. Im Menschlichen ist die Figur der Offenbarung nicht nur unvollendet offen, sondern verletzt und todbedroht. Das ist die offenbarungsgemäße Unvollendetheit der Offenbarungsgestalt des Menschen, und der *Logos incarnatus*, ausweislich des Philipper-Hymnus, weiß darum.

Soll auf diesem Weg, dass Offenbarung ihren Mittler ans Kreuz treibt und er dort vollends Mensch wird und das Menschsein anerkennt, mit ihm sich identifiziert, gesagt sein, dass die Offenbarung dazu angetan ist, den Menschen zu verletzen, dass sie ihm Trauma ist, sein Leben nimmt? Durchaus auch. Eine Wahrheit, die mir plötzlich einleuchtet, ohne dass ich sie gedacht und eingesehen hätte, ohne dass sie mir aus Quellen meines Vertrauens plausibel hergeleitet worden wäre, bleibt fremd in mir. Das *extra nos* der Gnade, dass diese stets, auch in ihrem Wirken in uns, „außerhalb von uns" ist, nie in unserer, stets und bleibend in Gottes Verfügung, ist strukturidentisch mit der Offenbarung. Anders als dies offensichtlich in einer evangelikalen Lesart der Rechtfertigungslehre Martin Luthers mit größter Selbstverständlichkeit statuiert wird, versetzt das *extra nos* den Menschen nach dem hier ausgearbeiteten Verständnis nicht in die Gewissheit des Gerechtfertigtseins,[15] sondern macht dem Subjekt die Exzentrik seines Selbstbezugs offensichtlich. Offenbarung trifft das Subjekt auf dem Weg seiner Offenheitsstruktur, die es wesentlich

verletzlich sein lässt. Der Mensch kann zur inkarnations-
theologisch abgeleiteten Figur der Offenbarung durch
eben diese subjektive Offenheit werden, die ihn unvollendet sein lässt.

Gott teilt verstörend sich mit: dem Mose in einem
Dornbusch, der brennt, aber nicht verbrennt, in einem Na-
turereignis, das sich selbst denaturiert; es ertönt hieraus
eine Stimme, es zeigt hierin sich kein Antlitz; die Stimme
wird im selben Text, auf engem Raum, mal Gott, mal
einem Engel zugeschrieben. Was gezeigt wird, wird in derselben Bewegung verwischt. Judith Hermann könnte hierin das poetische Gesetz ihres Schreibens erkennen: ent-
blößen und bergen in einem.[16] – Dem Elias erscheint Gott
am Berg Horeb – zuerst nicht in einem Sturmwind, sodann
nicht in einem Erdbeben, und auch nicht in einem Feuer,
schließlich aber „im Ton eines leisen Wehens": das ist keine Ableitung des Erhabenen ins Liebliche, vielmehr wird
die Selbstvergegenwärtigung Gottes durch eine Abfolge
der Negation von Erwartungen – religionsgeschichtlich ist
die Begleitung von Theophanien durch spektakuläre Na-
turereignisse verbreitet – ins Unerwartbare geführt: unausrechenbar das Was und Wie der Selbstoffenbarung Gottes.
Damit ist also zu rechnen.[17] – Und wie schließlich Jesus
Gott vergegenwärtigt: nämlich in der Konfrontation mit
Menschen, die ein selbstgerechtes Urteil über eine Frau ge-
fällt haben, die drauf und dran sind, dieses zu vollstrecken
und die Frau zu steinigen. Jesus ist da, die Leute fordern
von ihm die Bestätigung der Legitimität ihres Urteils und
ihrer Strafabsicht, zentral exponiert ist durch sie die Frau,
um die es geht. Das ist die Kommunikationssituation.
Jesus verhält sich in ihr, indem er aus ihr aussteigt: er
schweigt, kniet sich hin, schreibt mit dem Finger auf die
Erde; seine Antwort, also Kommunikation, ist die *Unter-*

brechung dieser Kommunikation: ein Akt von solcher Bedeutung, dass er des Dokumentierens werden ist, allerdings in einer Schrift, die niemand je zu lesen bekommen hat. Jesu Kommunikation als deren Aussetzung ist somit zugleich gestisch aktenkundig und material flüchtig. Durch all das wendet er den Furor von Verurteilung und Strafbesessenheit von der Frau ab, zurück auf die Leute selbst: „Wer von euch ohne Sünde ist, werfe als Erster einen Stein auf sie."[18] – Das ist, im Gesamtbild, die Offenbarung des gegenwärtigen Gottes als Verstörung – und Falsifikation – der zuvor wie selbstverständlich geltenden menschlichen Verhältnisse.

Für diese verletzungsträchtige Verstörung der Gegenwart Gottes existiert eine emblematische Ereignisgestalt: Jakob, zu fortgerückter Stunde mit Familie, Besitztum und Tross in der Übersetzung über den Fluss Jabbok begriffen, wird in ihm von einem Angreifer gestellt, es ist Gott selbst, der jählings ihn in einen Kampf zwingt. Gottes Selbstvergegenwärtigung erfolgt gewaltsam; es gilt, ihr standzuhalten. Dass Jakob die ganze Nacht hindurch bis zum Morgen nicht zurückweicht, ist wie ein Sieg. Der Angreifer fordert Jakob auf abzulassen und berührt verletzend dessen Hüfte, Jakob verlangt, zuvor gesegnet zu werden. So verlässt Jakob den Platz des Gotteskampfs doppelt gezeichnet: mit einem Segen, mit einer Versehrung. Besiegelt wird die krasse Gottbegegnung namentlich: Gott auferlegt Jakob eine neue Identität, Israel heißt er jetzt: Er kämpft mit Gott. Und dieser benennt den Ort Pnuël, Gottesgesicht, den Namen auslegend: Ich habe Gott von Angesicht gesehen.[19]

Die verletzliche Offenbarungsoffenheit des Subjekts

Der Mensch ist offenbarungsfähig im Sinn einer der Subjektivität genuinen Offenheit. Er ist, naturgemäß, aus-
gestattet mit Filtern kognitiver, psychischer, vor allem un-
bewusst arbeitender Art, dazu eingerichtet, ihn selbst zu
schützen: was allein bereits die prinzipielle Unbestimmtheit dieser Offenheit anzeigt. Die Subjektoffenheit ist nicht
determiniert durch die Filter; Abwehrsysteme signalisieren
die Bedrohung, noch bevor (sachlich, nicht zeitlich) sich
entscheidet, ob sie sie abzuwehren vermögen oder nicht.
Die Bedrohung der Subjektoffenheit besteht in ihrer prin-
zipiellen Unbestimmtheit – in der Absolutheit der Offenheit des Subjekts. Sie mag alltäglich durch die Filter einge-
dämmt sein, sie ist aber prinzipiell da.

Schlechthin offen auf Welt schlechthin zu sein, und
nicht programmiert auf eine Umwelt, in welchem Pro-
grammverhältnis kein Spielraum besteht, keine Differenz,
keine Abweichung, nichts Neues – keine Freiheit –: das ist
Subjektfreiheit. Sie kommt allen Filtern zuvor; in ihr ist das
Subjekt allen Filtern voraus erreichbar. In unserem filter-
modulierten Seelenleben gibt es Indikatoren dafür; deren
Gemeinsames ist die Unzufriedenheit: die Unzufriedenheit
des schlechten Gewissens mit unserem ethischen Selbstverständnis; die Unzufriedenheit der Sehnsucht mit dem *status quo*, in dem wir uns eingerichtet haben. Das gefilterte
Seelenleben signalisiert die Latenz einer absoluten – von
allem abgezogenen – Offenheit des Subjekts: Offenheit,
als die das Subjekt ist. In dieser ungefilterten, ihm genuinen
Offenheit ist das Subjekt wehrlos. In diese wehrlose Offenheit hinein ereignet sich Offenbarung – als willkommen
geheißene Verletzung.

Wer es nicht selbst tut oder an sich selbst erfährt, ist

sicher schon einmal solchen Menschen begegnet: die ihre
Offenheit, die zunächst eine transzendental-subjektive
Struktur ist, tatsächlich leben – vorbehaltlos offen, und
nicht nur das: einladend lächelnd allen und allem zugewandt: stets erwartend, vor nichts zurückschreckend, alles
begrüßend, nie enttäuscht, auch im Negativen noch das je
Bessere erwartend. Es gibt sie. Sie fordern uns heraus: so
naiv darf man nicht durchs Leben gehen – so sei das Leben
aufzufassen – und zu leben. Für die Vorbehaltlosigkeit
ihrer Offenheit gibt es kein Maß; sie ist absolut; das aber
ist das Maß, in dem sie, in ihrer Offenheit, wehrlos sind:
darin, in der Rückhaltlosigkeit, mit der sie sich öffnen, sich
exponieren, schutzlos sind, gründet die Herausforderung,
die ein Leben, so gelebt, darstellt. Die, denen es gegeben
ist, so zu leben, sind Heilige. Heilige der Wehrlosigkeit.

Wenn ihre Wehrlosigkeit nur unbedroht wäre. An ihrer
Ungeschütztheit wird in emphatischer Dichte deutlich,
dass allgemein jede Erfahrung eine Intrusion darstellt; auf
Basis dieser Struktur des Eindringens findet dann auch
Offenbarung als die Erfahrung des Unableitbaren statt,
im ausdrücklich religiösen Sinn: als Eindringen des Absoluten ins Endliche, als willkommen geheißene Verletzung.
Gott heilt verletzend: „Gott verletzt und verbindet; er zer-
schlägt, und seine Hand heilt."[20] Ja, es könnte sein – es
könnte ein Gedanke sein, dem wir nicht ausweichen dürfen –, dass Gott denen, die sich ihm öffnen, eine Bedrohung ist: dass er mit seiner ganzen Übermacht in sie
eindringt, dass er sie überwältigt, überrennt – dass die
Selbstoffenbarung Gottes die Verwüstung der sie Empfan-
genden ist. Dies ist die Klage des Jeremias: „Du hast mich
betört, o HERR, und ich ließ mich betören; du hast mich
gepackt und überwältigt. Zum Gespött bin ich geworden
den ganzen Tag, ein jeder verhöhnt mich. Ja, sooft ich rede,

muss ich schreien, Gewalt und Unterdrückung! muss ich rufen. Denn das Wort des HERRN bringt mir den ganzen Tag nur Hohn und Spott. Sagte ich aber: Ich will nicht mehr an ihn denken und nicht mehr in seinem Namen sprechen!, so brannte in meinem Herzen ein Feuer, eingeschlossen in meinen Gebeinen. Ich mühte mich, es auszuhalten, vermochte es aber nicht."[21] Und es entspricht der generellen Haltung des ersten Petrusbriefs, wenn der Autor die Gemeinde auffordert, sich zu demütigen unter der Gewalt Gottes.[22] Offenbarung als Heimsuchung: Der Besuch – Mariä Heimsuchung – als (Schicksals-)Schlag. Doch es handelt sich hier nicht um eine empirische Bedrohung, nicht um einen empirischen Schlag. Die Selbstoffenbarung Gottes als Überwältigung des Menschen ist ein metaphysischer Übergriff. Gottergriffenheit trifft den Menschen in seinem Sein, vorgängig aller Empirie, diese vor-bestimmend, in ihr nicht antreffbar. Madeleine Delbrêl spricht in ihrer radikalen Mystik vom „normalen Gewaltzustand des Glaubens".[23]

Die Heiligen der Wehrlosigkeit leben aus dieser metaphysischen Vor-Gabe, sie verleiblichen sie mit ihrem Leben. Deren Dramatik – Gott kommt als Eindringling („wie der Dieb in der Nacht"[24]), Gott heilt, indem er verletzt – ist das, was das religiöse Gefühl antreibt, in kreativer Bewegung hält – und nicht abtötet: deswegen nicht, weil es ein Geschehen in der kosmischen Intimität zwischen Gott und menschlichem Selbst ist. Diese Relation ist an sich schlechterdings unantastbar. Sie ist, mit John Henry Newman, absolut: Längst zur Katholischen Kirche konvertiert, erklärt Newman, an der evangelikal geprägten religiösen Erfahrung seiner Jugend festzuhalten, „dass es zwei und nur zwei Wesen gibt, die absolut und von einleuchtender Selbstverständlichkeit sind: ich selbst und mein Schöpfer".[25] Ähnliches findet sich bei Karl Rahner im Umfeld seines wichtigen Aufsatzes *Die ignatianische Logik der existentiellen Erkenntnis* (1958): Ignatius' Konzept der „Wahl" bedeutet an sich schon eine substantielle Relativierung der Bedeutung der Kirche für das spirituelle Selbst – was Rahner wiederum kirchlich deutet: „Der charismatische Imperativ, der vom einzelnen allein im Wahlgeschäft ergriffen werden kann, bedeutet dennoch nichts Unkirchliches. Denn gerade das Charismatische, das durch die kirchlichen Institutionen nicht mehr verwaltet werden kann, gehört zum Wesen der Kirche, weil diese von sich her gar nicht gedacht werden kann, denn als der souveränen Verfügung ihres Herrn untertan."[26]

Kirche – Religionspraxis unterm Druck des Unverfügbaren

In Newmans Bestimmung der Relation des Absoluten kommt die Kirche nicht vor. Damit ist eigentlich alles gesagt. Spiritualitätstheologische und offenbarungstheologische Perspektive konvergieren in der Exponierung der Relation Gottes und des menschlichen Selbst. In ihrer Absolutheit ist sie unrelativierbar – und ungeschützt. Genauer: das menschliche Selbst ist in ihr ungeschützt. Vom prekären Ich zum absoluten Gott: die Spannweite dieses aufgerissenen Verhältnisses ist ungeheuer. Fast keinen Stand kann in diesem Sternensturm des Absoluten das Subjekt haben. In seiner Exponiertheit ist es darauf angewiesen, dass in seinen religiösen Zusammenhängen die Absolutheit, Unantastbarkeit, Unrelativierbarkeit dieser Relation anerkannt wird. So sehr die Kirche, denn darauf laufen die religiösen Zusammenhänge letztlich zu, dazu berufen ist, den Menschen den Gotteskontakt zu ermöglichen, so sehr kann sie ihn auch verstellen, verderben. Als absolute hat die Relation des menschlichen Selbst zu Gott etwas Zusammenhangloses, sie ist an sich unverfügbar. Die Kirche will sie in ihren ekklesialen Zusammenhang einfügen und damit sich unterordnen, strebt Verfügung über sie an. Darin besteht die eigentliche, gegenwärtig virulente Bedrohung des in seiner Offenbarungsoffenheit schutzlosen spirituellen Selbst. Würde die Kirche sich als religiöser Kontext spiritueller Subjekte verstehen, ginge es ihr darum, diese zu tragen und nicht zu vereinnahmen und sich ein- und unterzuordnen. Sie soll aber ermöglichen, tragen, schützen. So würde Newman sie wohl platzieren: als sekundär, relational, adjuvatorisch; als die, welche dem spirituellen Selbst hilft, seine absolute Gottesrelation zu leben.

Wenn das spirituelle Selbst sich frei, aber doch verletzlich der Gegenwart des Absoluten öffnet, die gewünscht wird und doch sich auf der Bahn der Verletzlichkeit manifestiert – im Selbst, ihm entgegen –, und wenn desgleichen diese fragile Öffnung des spirituellen Selbst auf die Offenbarung hin etwas schutzlos Absolutes hat – ein jedes spirituelles Abenteuer einzig, unverrechenbar –, dann ist die durch die Begriffe Spiritualität und Offenbarung angezeigte Relation subjektiv prekär und absolut ungeheuer. Sie ist prinzipiell unableitbar und phänomenal erratisch. Es gibt für sie keine Handhabe. Dieses Verhältnis steht im Zentrum der Religion und ihrer institutionellen Veranstaltung, der Kirche. Sie sind Reaktionen auf ein Verhältnis, das, weil absolut, ohne Handhabe ist. Ihr Paradox: eine Handhabe für ein *absolutum* zu sein, für das es keine Handhabe gibt. Religion und Kirche sind Handhabe des Absoluten im Modus des *als ob*, nicht im Sinn der *pia fraus*[27], des frommen Betrugs – wiewohl es auch den gibt, nicht zu wenig, weil die Funktionäre der Religion die fragile Konstitution derselben schnell noch zur Akkumulation von Macht auszunutzen suchen, bevor sie auffliegt –, sondern im Verständnis der Metapher, die be-deutet, ohne zu wissen (im Griff zu haben), was. Religion ist die Inszenierung des Umgangs mit dem Absoluten als dessen Verfehlung, nämlich im Wissen um diese Verfehlung. Die dem innewohnende Dialektik wird, so könnte es wenigstens aufgefasst werden, im so genannten Messiasgeheimnis als Konstruktion des Markusevangeliums expliziert: Die Messianität Jesu wird im Gang durch die Erzählung seines öffentlichen Wirkens gegen die dort begegnenden Bekenntnisse derselben verhüllt (oder von Jesus zu verbergen gesucht)[28], um dann vom Kreuz her, mithin unter einer Kontrastgestalt, offenbar zu werden.[29]

In dem Maß, wie die Religion die Unverfügbarkeit des Absoluten in ihrer Handhabung desselben realisiert, ist auch das spirituelle Selbst vor systemischen Übergriffen geschützt. Umgekehrt heißt das: Spiritueller Missbrauch ist unmittelbar Missachtung der Absolutheit (und damit Unverfügbarkeit) Gottes. Nötig wäre ein Konzept einer dissoziativen Religion: Religion als System, Diskurs, Praxis, die dann ihrer intrinsischen Logik entspricht, wenn sie *nicht* verfügt, die als Nicht-Handhabung die angemessene Handhabe des Absoluten ist. Den Konzepten der Disruption der Referenz, von Michail Bachtins Karnevalisierung des Romans[30] bis zu Paul de Mans Theorie der notwendigen Fehllektüre („misreading") des literarischen Texts[31], vergleichbar, wirkt sich das Messiasgeheimnis als eine Strategie der Störung oder Irritation der Referenz um der Aufrechterhaltung ihrer Möglichkeit willen aus: Der markinische Jesus spricht dem Dämon, den Geheilten, dem Pe trus gar, die Kompetenz ab, ihn – Jesus – als Messias zu identifizieren, dadurch die Möglichkeit aufrecht erhaltend, die Messianität Jesu in ihrem wahren Verständnis zu identifizieren. Dieses ist aber nur negativistisch zu haben, im Durchgang durchs Kreuz. Erinnert sei deswegen an Joseph Ratzingers Negativisierung der Trinitätstheologie: „Nur als durchkreuzte Theologie ist die Trinitätstheologie möglich"; was die theologischen Begriffe angeht, sind diese „in gewissem Sinn zufällig", man „darf ... nicht zu weit darin gehen, diese Wörter etwa als die einzig möglichen zu konstruieren ...: Damit würde man den negativen Charakter der Sprache der Gotteslehre, das bloß Versuchsweise ihres Redens, verkennen."[32] Die Religion darf ihr vitales Interesse an der Identifikation Gottes nicht dadurch veräußern, dass sie diese Identifikation einfach vornimmt – in einem anderen Sprachregister: Ich kann dich nicht benennen, ich liebe dich.

Was ist mit „Handhabung des Absoluten" gemeint? Nicht die Anrufung oder auch nur Nennung Gottes, die *invocatio* oder *nominatio Dei*, nicht der Lobpreis, die Bitte, die Klage, gerichtet an Gott, schon gar nicht das Stoßgebet, nicht also die vielfältig modulierte Einrückung der je eigenen, sei es individuellen, sei es kollektiven, Existenzsituation in die Gottesperspektive. Sondern: die Beanspruchung des Absoluten zur Rechtfertigung eines gegebenen Gesetzes, eines normativen Prinzips, einer moralischen Forderung, einer hierarchischen Ordnung, zur Rechtfertigung von Systemen sozialer In- und Exklusion, die Funktionalisierung des Absoluten zur Eroberung, Stabilisierung oder Durchsetzung von Macht. Das ist der Normalfall der Handhabe des Absoluten durch die Religion. Der Normannenkönig Roger II., Herrscher über Sizilien und Süditalien, hat seinen Thron in der Apsis „seiner" Ka-

thedrale von Cefalu unter dem Mosaik des Christus Pan-
tokrator aufgestellt: Der Welten-Herrscher wird zur Legi-
timierung einer weltlichen Herrschaft ins Bild gebracht. In
anderen Kathedralen mögen Bischöfe dieselbe Stelle religiös legitimierter Macht einnehmen. Das Prinzip ist klar:
als könnte Macht *superne*, von oben her, begründet werden. Die Untenstehenden, das sind wir, sollen so genötigt
werden, in ihren Blick aufs Absolute menschliche Obrig-
keit, sei sie weltlich, sei sie geistlich, mit einzuordnen.

Die Kirche hat mit dem ekklesiologischen Bildbegriff
des *Leib Christi*, mit dem *theologoumenon* von ihrer Stif-
tung durch Jesus Christus (mindestens ihrer Rückführung
auf die Intention Jesu), mit ihrer Gründung in der Sendung
des Geists, mit der theologischen Figur ihres Eintritts in
den Bund Gottes mit seinem Volk ... genügend Fährten
einer Kontinuität zwischen der Religion (in ihrer kirchlichen Verfassung) und dem Absoluten gelegt – um diese
auszubeuten für die Legitimation eigener Machtprätentio-
nen durch die absolute Macht, die Macht des Absoluten.
Würde sie stattdessen die *privatio absoluta* aller Macht zuerst und vor allem auf sie beziehen und alle Macht (für
sich) fahren lassen – und bestünde *darin*, in dialektischer
Brechung, ihre Kontinuität zum Absoluten –, dann hätte
das prekäre spirituelle Selbst Aussicht auf Unverletzlich-
keit im systemischen Zusammenhang der Kirche.

Die biblische Prophetie kennt die Kritik an einer falschen Religionspraxis – als Abfall von Gott wie auch als
Bestreben, Gott berechenbar, eben handhabbar zu machen[33] – ebenso prominent wie die Kritik an fehlender Gerechtigkeit, an der Ausbeutung der Armen, der Schutzlosigkeit der Schwachen. Die prophetische Paarung dieser
Kritiken – sie hat ein ausdrückliches Echo in der Botschaft
Jesu – ist nicht arbiträr: Der Gott geschuldete Glaube *ist*

die Verantwortung für die Menschen in ihrer Verletzlichkeit. Nichts anderes besagt das Prinzip der Einheit von Gottes- und Menschenliebe.[34] Die „Verletzlichen der Kirche" sind – alle Menschen, insofern sie sich der Schutzlosigkeit in dem Maß exponieren, wie sie sich in ihrem spirituellen Selbst dem sich offenbarenden Realen Absoluten vorbehaltlos öffnen. Die Kirche gerät in den Fokus prophetischer Kritik nicht nur insofern, als sie sich einen berechenbaren Gott zu ihrem machterhaltenden Zweck zurechtzulegen sucht, sondern weil sie eben dadurch die Menschen in ihrer spirituellen Schutzlosigkeit dem System der Macht ausliefert, dem sie huldigt. Eine Kirche der Macht kann nicht zugleich eine Kirche des Gottes sein, der in seiner Allmacht alle (andere) Macht entmächtigt hat. Eine solche Kirche wäre heidnisch.

Ist aber das spirituelle Selbst in seiner Offenbarungsfähigkeit vulnerabel geöffnet, und ist die Offenbarung des Absoluten dem Endlichen eine Zumutung – ist das die Konstellation von Spiritualität und Offenbarung –, dann muss sich die Kirche ihrem Wesen nach dazu bestimmt wissen, der Ermöglichungsraum dieser außerordentlich prekären Begegnung zu sein.

Anmerkungen

[1] Karl Rahner, *Mystik – Weg des Glaubens zu Gott*, in: Ders., Sämtliche Werke, Bd. 29: Geistliche Schriften. Späte Beiträge zur Praxis des Glaubens. Bearbeitet von Herbert Vorgrimler, Freiburg 2007, 58–66, hier: 58.

[2] Ein Wort, das es im Deutschen leider nicht gibt, aber etwa im Englischen. Es verbindet die Verkörperung mit der Vergegenwärtigung.

[3] Paul Ricœur, *Hermeneutik der Idee der Offenbarung* (1977), in: ders., An den Grenzen der Hermeneutik. Philosophische Reflexionen über die Religion, Freiburg-München 2008, 41–83, hier: 61; 83. „Anspruch" im französischen Original deutsch. Das „dichterische Wort": im Original: *poème*; das „Gedicht" des Exodus, der Auferstehung meint hier nicht die Gattung, sondern das poetische Vermögen der Sprache, alltägliche Bedeutungen so einzuklammern, dass nun durch die Kraft des Worts zur Neu-Beschreibung Wirklichkeit selbst manifest werden kann; in diesem poetischen Vermögen erkennt Ricœur die Möglichkeitsbedingung der Sprache für die Offenbarung.

[4] Vgl. a. a. O., bes. 61–83.

[5] Bernhard Nitsche/Matthias Reményi, Einleitung in: Dies. (Hg.), Problemfall Offenbarung. Grund – Konzepte – Erkennbarkeit, Freiburg 2022, 9–16, hier: 13.

[6] Judith Hermann, *Wir hätten uns alles gesagt. Vom Schweigen und Verschweigen im Schreiben. Frankfurter Poetikvorlesungen*, Frankfurt 2023, 37 f.

[7] A. a. O., 132.

[8] A. a. O., 146.

[9] A. a. O., 141.

[10] A. a. O., 150.

[11] A. a. O., 99.

[12] Mit diesen Überlegungen zu einer profanen Erschließung der Bedeutung des Worts Gott im größeren Rahmen einer anthropologischen Begründung von Offenbarung ist freilich keine Interpretation im engeren Sinn der Reflexionen Judith Hermanns intendiert. Sie berühren sich aber in der oben beschriebenen Weise mit Hermanns Ausführungen.

[13] Theodor W. Adorno, *Ästhetische Theorie*, GS 7, Frankfurt ⁵1990, 221.

[14] Vgl. Phil 2,6–11.

15 Vgl. hierzu Elke Meyer, *Die seelsorgliche Dimension des „extra nos" in der Rechtfertigungslehre Martin Luthers*, in: Jahrbuch des Martin Bucer-Seminars 2003, 35–65.

16 Vgl. Ex 3,1–15.

17 Vgl. 1Kön 19,11–13.

18 Vgl. Joh 8,2–11.

19 Vgl. Gen 32,23–33.

20 Ijob 5,18.

21 Jer 20,7–9.

22 „Demütigt euch nun unter die gewaltige Hand Gottes, damit er euch erhöhe zu seiner Zeit." (1Petr 5,6)

23 Vgl. dazu Annette Schleinzer, *Madeleine Delbrêl – Prophetin einer Kirche im Aufbruch, Impulse für Realisten*, München 2017, 157ff.

24 1Thess 5,2.

25 John Henry Newman, *Apologia pro vita sua. Geschichte meiner religiösen Überzeugungen* (1864). Übersetzt von Maria Knoepfler, Mainz 1952, 22. Vgl. hierzu Knut Wenzel, *Glaube als Biographie. Die Modernität John Henry Newmans*, in: Claus Arnold/Bernd Trocholepzcy/Knut Wenzel (Hg.), John Henry Newman. Kirchenlehrer der Moderne, Freiburg 2009, 158–179.

26 Karl Rahner, *Im Anspruch Gottes. Bemerkungen zur Logik der existentiellen Erkenntnis*, in: Ders., Sämtliche Werke, Bd. 25: Erneuerung des Ordenslebens. Zeugnis für Kirche und Welt. Bearbeitet von Andreas R. Batlogg, Freiburg 2008, 248–253, hier: 253.

27 Siehe hierzu das Kapitel zu *Pia Fraus* in: Heinz Robert Schlette, *Mit der Aporie leben. Zur Grundlegung einer Philosophie der Religion*, Frankfurt 1997, 170–176.

28 Jesus verbietet dem von ihm ausgetriebenen Dämon, Jesu messianische Identität öffentlich zu machen (Mk 1,24f.); dem Taubstummen und den Zeugen befiehlt er Stillschweigen über seine Heilung, „je mehr er es ihnen aber befahl, desto mehr verkündig-

ten sie es" (Mk 8,36); wenn Jesus auf das Messiasbekenntnis des Petrus hin (Mk 8,29) – das er nicht aufnimmt, sondern mit dem Schweigegebot belegt –, „mit Freimut" von dem ihm bevorstehenden Leiden und Sterben spricht, Petrus gegen diese Perspektive aufbegehrt, um deswegen von Jesus scharf zurechtgewiesen zu werden, wird an markanter Stelle das Ringen um das rechte Verständnis der Messianität Jesu *in nuce* vorgeführt.

[29] Vgl. William Wrede, *Das Messisasgeheimnis in den Evangelien. Zugleich ein Beitrag zum Verständnis des Markusevangeliums* (1901), Göttingen [4]1969.

[30] Vgl. Michail Bachtin, *Literatur und Karneval. Zur Romantheorie und Lachkultur*, Frankfurt 1990.

[31] Vgl. Paul de Man, *Allegorien des Lesens*, Frankfurt 1989.

[32] Joseph Ratzinger, *Einführung in das Christentum. Vorlesungen über das Apostolische Glaubensbekenntnis*, München 1971, 118. 124 f.

[33] Das geschieht bei Hosea, wenn die Menschen Gott zu ihrem Baal machen, ihn als „mein Baal" anreden; vgl. Hos 2,18.

[34] Vgl. hierzu Karl Rahner, *Wer ist dein Bruder?*, in: Ders., Sämtliche Werke, Bd. 29, Geistliche Schriften. Späte Beiträge zur Praxis des Glaubens, bearbeitet von Herbert Vorgrimler, Freiburg 2007, 12–37.

VI Kirche: Gemeinschaft
selbst-bewusster Glaubenssubjekte

Nicht Schutz-, sondern Ermöglichungsraum

Wie sähe eine andere Kirche aus, die nicht der Macht huldigt, die aber auch nicht als Schutzraum der Schutzlosen zu verstehen wäre? Dieses nämlich, die Kirche als Schutzraum der Verletzlichen zu verstehen, wäre wiederum übergriffig; es hieße, die Kirche als anstelle der Menschen tätig zu denken, diese würden in ihrer Eingensinnigkeit und Eigentätigkeit nicht frei gesetzt, sondern eingehegt werden. Darüber hinaus: Die naheste Bedrohung, vor der ein solcher ekklesialer Schutzraum die Menschen bewahren sollte, ist in der Tat die Kirche selbst. Schon aufgrund dieser Verwickeltheit, dieses Ineinandergreifens von Bedrohung und Bedürfnis nach Schutz vor ihr – von Sündigkeit und Heiligkeit – in ein und derselben Institution kann die Kirche nicht Schutzraum sein. Letztlich aber aus strikt theologischen Gründen ist das Konzept eines *safe space* – „a space ... intended to be free of bias, conflict, criticism, or potentially threatening actions, ideas, or conversations"[1] – ungeeignet zur Applikation auf die Kirche. Freilich, die Architektur der Kirche kennt *safe spaces* in diesem Verständnis: Kapellen der Anbetung, des stillen Gebets. Sie sind unverzichtbar und verdienen unbedingte Respektierung. Aber als ganze und solche ist die Kirche dies nicht: *safe space*, und zwar nicht nur faktisch, sondern prinzipiell – wenn auch die faktische Dimension ihrer Sündigkeit und die prinzipielle Dimension, die sie unmöglich ein *safe space* sein lässt, nicht auf derselben Ebene liegen und in keiner Weise miteinander verwechselt werden dürfen. Die Applikation des *safe space*-Konzepts auf die Kirche würde wieder neu die Einschränkung des freien Worts über die Kirche verhängen, diesmal nicht autoritativ verfügt, sondern – wie elegant – von „links" legitimiert[2]. Vor allem aber, und darin ist die Unmöglichkeit der Anwendung des *safe space*-Konzepts auf die Kirche theologisch begründet, besteht doch die eigentliche – erste und letzte – Herausforderung, wenn nicht Bedrohung und Gefährdung, in der Selbst-Zuwendung Gottes als des Realen Absoluten, welcher sich der Mensch in seinem spirituellen Selbst vorbehaltlos öffnet. Davor kann und darf die Kirche schlechterdings nicht schützen.

Die eigentliche Herausforderung ist – das Zentrum des christlichen Glaubens, der Mensch gewordene Gott, das Absolute im Endlichen. Ja, Jesus Christus ist „Bild Gottes"[3], er ist „Abdruck [*charakter*] seines [i. e. Gottes] Wesens"[4], aber er ist dies als „Bild des unsichtbaren Gottes"[5]: in seiner Bildwerdung in und durch Jesus Christus bleibt Gott „der Unsichtbare". Dem vom Begriff der Inkarnation bezeichneten Verhältnis von Gott und Mensch ist eine schlechterdings unbewältigbare Disproportionalität inhärent, ein vom Endlichen nicht konsumierbarer Überschuss des Absoluten. Diese Inkommensurabilität des Absoluten hat Martin Luther in seiner Lehre vom *Deus absconditus*, vom verborgenen Gott festgehalten:[6] Gott *ist* als *Deus revelatus*, als geoffenbarter Gott, zugleich verborgener Gott. Geoffenbartheit und Verborgenheit werden vom identischen Gott ausgesagt. Dieses Selbstverhältnis Gottes vor uns kann, wenigstens für uns Menschen, nicht dramatisch genug gedacht werden. Die Dramatik des *Deus absconditus* für die religiöse Erfahrung hat Gerhard Ebeling in aller Deutlichkeit gezeichnet: Wer dem *Deus absconditus* „in seiner erschreckenden Fremdheit, seiner unbedingten Forderung, seiner Gnadenlosigkeit" begegnet, dem bleibt nur: „Gegen diesen Deus absconditus muß der Mensch beim Deus revelatus Zuflucht suchen, vor Gott zu Gott fliehen, sich von dem in seiner Göttlichkeit unmenschlichen Gott abkehren hin zu dem in seiner Menschlichkeit wahrhaft göttlichen Gott." Luther habe, so Ebeling, darauf bestanden, „daß die fürchterlichen Aspekte des Deus absconditus eine Realität der Wirklichkeitserfahrung darstellen, vor der man nicht zugunsten des Deus revelatus die Augen verschließen darf."[7] All das bezieht sich auf den selben Gott und vollzieht sich im identischen Glaubensbewusstsein. Diese Dramatik ist es auch, die die vorhergehenden Kapitel zur Spiritualität und zur Offenbarung bestimmt hat. Weil dieses Ringen mit Gott und um die eigene Glaubenshaltung zu ihm in der Gottheit Gottes gründet und das Verhältnis von Gott und Mensch gerade in seiner inkarnationslogischen Explikation – also in und durch Jesus Christus – bestimmt, findet es freilich in erster Linie in den Herzen der Menschen statt, trägt sich aber idealtypisch im Zentrum der Kirche aus. Wie sollte und dürfte die Kirche die Menschen hiervor schützen!

Auch die ekklesiale Kultur des Sakraments hilft hier nicht weiter. Dieses könnte als Arznei der Gnade verstanden werden, als modulierte Dosierung der Gnade. Aber nein: Das Sakrament, welches als *sacramentum tantum*, als bloßes Zeichen, eine Instanz der Vermittlung in der Gnadenzuwendung Gottes darstellt, an der diese diskursiv wird, und das als *res et sacramentum*, in seinem Ineins von Zeichen und Bedeutung, die Applikation der Gnade an einen je konkreten Lebenszusammenhang ist, dieses Sakrament erlaubt in den beiden genannten Dimensionen nicht die Annahme einer Relativierung der Gnadenpräsenz, ist doch die Gnade – Chiffre der Heilswirklichkeit Gottes – schließlich in der *res sacramenti*, dem Wesen und der Wirklichkeit des Sakraments, absolut gegenwärtig. Das Sakrament infiltriert die Gnade noch in die feinsten Kapillaren menschlicher Wirklichkeit, es relativiert dabei in keinster Weise die Präsenz des Absoluten.

Wie sähe eine andere Kirche aus, die nicht mehr den Verdacht aufkommen lässt, vor lauter kirchlichem Getriebe die Menschen davon ablenken zu wollen, sich dem Berührtwerden durch Gott zu öffnen, die davon ablässt, mit ihrer Umtriebigkeit die Aufmerksamkeit der Menschen ganz in ein Netz der Kirchenorientierung einzuspinnen, die endlich sich auf allen Ebenen – theologisch, institutionell, rechtlich – und in allen Modi – intellektuell, habituell, kulturell – lossagt von der Praxis, sich im Horizont des Absoluten selbst zu legitimieren? Die Notwendigkeit einer Reform der Kirche ist objektiv. Hier soll dazu kein Modell, keine Agenda vorgelegt werden. Das überstiege die Kompetenz einer einzelnen Schrift und wäre unkirchlich. Kirchlich wäre ein die gesamte *koinonia* erfassender, sowohl die Institutionen und Strukturen als auch alle nicht institutionalisierten Glieder der Kirche involvierender Beratungs- und Verständigungsprozess mit dem Ziel der Gewinnung einer Zukunft der Kirche, die jetzt noch niemand kennen kann, ein Prozess, dessen organisationeller Rahmen das Volk Gottes, dessen erkenntnistheologischer Horizont der *sensus fidelium* wäre. Diesen Prozess administrativ zu ermöglichen wäre die Aufgabe und Pflicht der Lehr- und Leitungsautorität der Kirche. Wenn diese Autorität fest in dem Glauben steht, dass der Kirche der Geist als ihr lebendiges Prinzip gegeben (und nicht längst auf den Fluren römischer Dikasterien verweht) ist, kann sie schier alles die Kirche Betreffende diesem Prozess anvertrauen.

Hier soll nur ein neuer Blick auf jenen Selbstvollzug der Kirche, der dem konservativen Katholizismus als Zentrum kirchlicher Wirklichkeit gilt, geworfen werden, um ausgerechnet in ihm eine ekklesiale – genuin kirchliche – Dynamik der Frei-Setzung subjektiven Selbstseins zu entdecken: die Liturgie. Nicht Schutzraum, sondern Spiel-Raum der Ermöglichung des menschlichen Selbst-Bezugs auf Gott kann so die Kirche sein. Wenn sie, trotz allem, für sich reklamieren kann, dass in ihr die Kirche Jesu Christi verwirklicht sei,[8] dann doch in dem Sinn, dass sie die Bedeutungs-Potenziale zur Erneuerung in sich hat, und zwar in einem gänzlich un-restaurativen Verständnis: auch eine Rückorientierung an der Ursprungsnorm des Anfangs, also das Geltendmachen der Wesenseigenschaft der Apostolizität, würde einen eschatologischen Zeitindex mit sich führen; die Kirche müsste sich auf einen Prozess einlassen, den sie wenigstens in dem Sinn als vom Geist gewirkt aufzufassen hätte, dass sie ihn nicht im Griff hat und sich doch alles von ihm erhoffen muss.

Lichtes Schweben – Liturgie als Spiel

Keine Praxis ist denkbar, die radikaler anders wäre als die soziale Wirklichkeit, die wir kennen, und doch in ihr vorkommen kann, als das Spiel. Das Wenigste, was Spiel genannt oder mit ihm verbunden wird, ist eines. Im strikten Sinn findet Spiel nicht vor einem und für ein Publikum statt. Es ist kein „Event", kein Aufführungsereignis zur Befriedigung verobjektivierender Vergnügungsbedürfnisse. Alle Beteiligten spielen das Spiel, spielen im Spiel mit. Das

Spiel wird nicht ausgestellt, es geschieht im Schatten der Beobachtung. Herbstblätter zum Tanz aufgestoben von einer Böe; Spatzenbalgerei flügelschlagend Straßenstaub aufwirbelnd; Kinder versunken in ihr Spiel: als bestünde beim Spiel eine Kontinuität zurück ins Physische hinein.

Das war einmal eine Idee Teilhard de Chardins, Carl Friedrich von Weizsäckers, mit Vorläufern im Deutschen Idealismus, F. W. J. Schelling, G. W. F. Hegel, usf., dass der physikalisch-chemisch-biologischen Natur selbst ein Drang, eine endogene Dynamik zur Transformation ins Geistige, in freie Selbsttätigkeit zu eigen wäre: Diese Idee mag heute esoterisch anmuten, hat aber doch eine gewisse Schönheit. Religion und Kunst sind übrigens auch dafür da, solche Ideen lebendig zu halten; vielleicht müssen wir einmal auf sie zurückgreifen. Vernünftig ist es jedenfalls nicht, nur das für vernünftig zu halten, was einem gerade einmal einleuchtet. Wenn das Spiel schon in der Physis einsetzt – die im Wind tanzenden Blätter –, ist der Umschaltpunkt ins bewusst Vollzogene die Psyche: das Unbewusste, das Triebleben, aus dem das Begehren emporsteigt, dessen Spielerisches darin besteht, an keinem Objekt Befriedigung zu finden – weder an einem Objekt, noch überhaupt Befriedigung. Worin sich die ungeheure Offenheit des Spiels zeigt: Es hat kein Objekt, an dem es endete.

Diese auf eine physische Wurzel zurückreichende, objektlose Begehrensdynamik hat eine theologische Ausformulierung im *desiderium naturale visionis Dei*, im natürlichen Begehren der Schau Gottes. Auch die Sehnsucht, die der religiöse Glaube ist, wurzelt in der menschlichen Natur, und sie hat kein Objekt, denn Gott, auf dessen Schauung die mittelalterliche Theologie diese Sehnsucht ausgerichtet hat, ist prinzipiell kein Objekt. Es ist geradezu so, dass die theologische Orientierung der menschlichen

Sehnsucht auf Gott dieser alle Objektbezogenheit aussaugt.

Damit wird die mit dem Begehren angezeigte menschliche Grunddynamik nicht enteignet, sondern in ein Schweben gebracht, das ihr entspricht. Die Sehnsucht nämlich weiß um sich als Unerfüllte. Erfüllt wäre sie schon keine mehr, sondern Glückseligkeit, von der wir aber jetzt kein Wissen haben. Freude hingegen ist eine Bewusstseinsgestimmtheit, ein Gefühl, wovon wir auf unseren Wegen durch die Gefilde der Unvollendetheit begleitet sein können. Es gibt eine Freude, ein Genießen, der Sehnsucht, eine *jouissance de désir. I'm in love forever / without being with anybody*: Bill Pritchard hat dieses Bewusstsein mit seinem Song von 1991 in eine prägnante Pop-Formel geprägt. Dieses Vergnügen der Sehnsucht ist auch Motor des Spiels; nicht an einer Eröffnung oder einer Entscheidung (über Sieg oder Niederlage) ereignet sich nämlich das Wesen des Spiels, sondern unterwegs.

In seinem Verlauf, während es läuft, wird das Spiel zu dem Spielen, das da gerade getan wird; gerät den Spielenden ein Zweck, um dessentwillen sie das Spiel begonnen, und ein Ziel, auf das hin sie es angelegt haben mögen, außer Sicht; bloß zu spielen: selbstvergessen und konzentriert. Das ist die präzise Ambivalenz des Spiels. Dass wir ganz bei uns sein können und gar nicht auf uns achten müssen, erlaubt das Spiel; dass wir selbstvergessen als wir selbst in der Welt sind: spielerisch.

Dass die Menschen bei sich seien, sie selbst seien: Verheißung der Doppelepoche von Neuzeit und Moderne: angefangen mit der Wiederentdeckung und emphatischen Wertschätzung des Satzes von Protagoras, dass der Mensch das Maß aller Dinge sei, durch die Renaissance; über die Wahl von Horaz' „Sapere aude" zum Leitspruch der Aufklärung – Wage es, selbst zu denken –; über die Proklamation des Rechts auf die Verfolgung des eigenen Glücks (pursuit of happiness) durch die amerikanische Unabhängigkeitserklärung von 1776; über Pindars Aufforderung „Werde, der du bist", die Friedrich Nietzsche im Untertitel seiner Schrift „Ecce Homo" von 1888/89 zitiert; über die Emanzipationsbewegungen der vergangenen zweihundert Jahre – Emanzipation der Juden, Arbeiterbewegung, allgemeines und geheimes Wahlrecht, Frauenemanzipation, De-Kolonisierung, Bürgerrechtsbewegung, aktuell die Debatten um Konzepte offener Diversität – in all dem steckt ein immer noch unausgeschöpftes Potential an Freiheit als Befreiung. Das ist unbestreitbar. Doch ist diese normativ aufgeladene Moderne nicht nur eine Geschichte der Verheißung, sondern auch eine der Forderung: Dass Menschen frei, glücklich und sie selbst sein *können*, heißt unmittelbar, dass sie frei, glücklich und sie selbst sein *sollen*.

Der Verheißung von Freiheit wohnt die Zumutung eines Zwangs inne. Um frei zu sein, müssen wir die Natur unterwerfen, die äußere wie die innere. Freiheit setzt ein Regime der Herrschaft voraus, in dessen Reichweite wir selber einbegriffen sind. Befreiung aus dem Naturzustand bringt neuen Zwang hervor. Der Bogen der Analysen dieser Herrschaft, dieses Zwangs um der Freiheit willen, reicht von Georg Wilhelm Friedrich Hegel bis zu Jacques Lacan. Hegel spricht von der gesellschaftlichen Sittlichkeitsordnung als einer zweiten Natur, Lacan von der Symbolischen Ordnung. Für Hegel steht die Befreiung der Menschen aus der zweiten Natur und damit überhaupt die Erreichung eines Stands wirklicher Freiheit erst noch an, und das gilt nach wie vor. Bei Lacan ist die Möglichkeit einer solchen Freiheitsperspektive nicht so klar. Friedrich Schiller hat

eine ähnliche Analyse einer Dialektik von Zivilisations-
fortschritt und wachsender repressiver Entfremdung in
den zwischen 1793 und 1795 entstandenen Briefen „Über
die ästhetische Erziehung des Menschen" vorgelegt.[9] Deren Anlass ist das Kippen der französischen Revolution,
die Schiller, anders als Goethe, in den jakobinischen Terror
begrüßt hat. Und es ist derselbe Zusammenhang, in dem
Schiller seine Anthropologie des Spiels entwickelt.

Es könnte eskapistisch anmuten, als Flucht in den Illu-
sionismus, wenn auf die harte Dialektik von Fortschritt
und Zwang mit einer Idee des Spiels geantwortet wird.
Und Schiller setzt sie nicht, sondern jubelt sie unter, spielt
sie ein: Zunächst spielt er mit dem Gedanken, dass der
Mensch spielerisch verfasst sei, und mit einem Mal ist das
anthropologische Realität: Der Mensch ist spielend.[10]
Aber der Einstieg ins Spiel (in die Thematik) ist schon das:
ein Schritt hinüber, ein Wechsel ins Andere.

Während die Dialektik von Leistung und Unterwerfung, wie sie die sozio-historische Realität bestimmt, nur
die Ausbildung segmentaler Produktivität erlaubt – Genia-
lität als trainiertes Hochbegabtentum in einem Feld bei
Verödung aller anderen Felder, günstigstenfalls also Ex-
pertentum –, ist der Mensch im Spiel auf keinen Zweck bezogen, von keiner Absicht geleitet, weder durch Zweck
noch durch Absicht eingeschränkt.

Das Spiel, wie es von Kindern gespielt wird, ist nicht
ohne Regeln. Seine Grammatik entbehrt aber der Konsis-
tenz: In jedem Moment kann sie außer Kraft gesetzt, völlig
neu und anders aufgesetzt werden. Solche Momente sind
tatsächlich regellos. Sie entsprechen dem, was Immanuel
Kant Spontaneität nennt; sie sind Freiheitsmomente: In
ihnen ist das Spiel unverfügt. Nur so können die Spielenden sich und einander in unabsehbaren Räumen und Zei-

ten durchspielen. In solchen Spielen erfahren sie, wie unthematisch auch immer, Unendlichkeit und Ewigkeit (und nicht nur Raum und Zeit) als Kategorien ihrer Existenz: konzentrierte Selbstvergessenheit, unbestimmbar gegenwärtig.

Kant und, ihm folgend, Schiller, entwickeln die Idee des Spiels im Angesicht des Schönen: Kant zufolge bildet sich das ästhetische Urteil „im freien Spiel der Erkenntnisvermögen";[11] die sinnlichen Eindrücke streben danach, im Begriff zusammengefasst zu werden, und gehen doch in keinem auf; so kommt es zu einem wiegenden Schweben zwischen sinnlichem Eindruck und Vernunftbegriff: Walter Schulz fasst das zu einer philosophischen Ästhetik als „Metaphysik des Schwebens".[12] Schiller nimmt Kants freies Spiel in anthropologischer Weitung: Des Menschen Veranlagung zum Spiel vermittelt zwischen der Natur- und der Geistdimension seiner Existenz; in dieser Vermittlung kann eine verstümmelnde Vereinseitigung zum nur sinnlichen oder nur rationalen Pol des Menschseins vermieden werden. Deswegen gilt: „der Mensch spielt nur, wo er in voller Bedeutung des Worts Mensch ist, und *er ist nur da ganz Mensch, wo er spielt.*"[13]

Deswegen lässt es sich nicht mehr auf den von Schiller vorgesehenen Zweck einer „Erziehung" bringen. Was Schiller offensichtlich meint, ist der emanzipationstheoretisch anspruchsvollere Begriff der Bildung, und in diese lässt Erziehung sich nicht übersetzen. Beide sind normativ aufgeladen, aber nicht gleichsinnig: Erziehung ist präskriptiv auf einen Entwicklungs- und Ausbildungsstand der Person bezogen, der sein soll; Bildung ist affirmativ auf die Möglichkeit bezogen, dass die Person in uneingeschränkter Entfaltung sie selbst sein kann. Kriterium gelingender Bildung ist das Selbstverständnis des sich bildenden Subjekts, das niemals fertig vorliegt, sondern in Wechselwirkung mit inneren und äußeren Einflussfaktoren, darunter regelrechte und wildwüchsige Bildungsgeschichten, ständig wird. Welches Werden nicht, um es zu begreifen, auf ein „Telos" hin oder von einem „Prinzip" her stillgelegt zu werden braucht; hat dieses Werden doch das sich über sich selbst verständigende Subjekt als Rekurrenzpunkt in jedem Augenblick seiner Geschichte bei sich.

Bildung in diesem Sinn, als In-Gang-Kommen einer genuinen Selbst-Tätigkeit des Subjekts, ist nicht-instrumentell und genügt sich selbst. In dieser Zweckfreiheit und Selbstbezüglichkeit – im Prozess der Subjektbildung geht es um Subjektbildung und um sonst nichts – hat Bildung etwas Spielerisches. Die gesellschaftliche Bildungsrealität, die von Kompetenzvermittlung, Leistungstraining und Effizienzoptimierung bestimmt ist, hat naturgemäß keinen Ansatz für ein solches Bildungsideal. Dass die ästhetische Bildung kontrafaktisch ist, war Schiller wohl klar. Wenn der faktische Status quo nicht als normativ anerkannt werden kann und keine religiös oder sonst wie heteronome Norm Anerkennung verdient, was wäre dann die subjektverträgliche Norm-Ressource von Bildung? – Die Tiefen-Bedürfnisse der Menschen: Lebendigkeit, Anerkennung, Veränderung.

1938 legt Johan Huizinga, dessen Produktion zwischen Ethnologie, Philosophie und Kulturfeuilleton schillert, mit „Homo ludens" eine viel rezipierte Anthropologie des Spiels vor.[14] Mit Schiller gibt er sich nicht arg ab, sieht aber im Spiel Wesentliches des Menschseins aufscheinen. Auch schlägt er die Brücke zum Tier; bereits Tiere spielen. In menschlicher Kultur werden alle relevanten Kategorien als vom Spiel bestimmt angesehen, vom Kinderspiel, über Kunst und Politik, bis zum religiösen Kult, sodass am Ende ihm die Konsequenz seiner Überlegungen – „Alles ist Spiel" – selbst als „billiger metaphorischer Ausdruck" vorkommt.[15] Die dem zugrundeliegende systematische Unzulänglichkeit des Entwurfs ist hier nicht weiter von Belang; bemerkenswert ist aber die Definition des Spiels, von der Huizinga ausgeht: „Mit dem Spiel ... erkennt man ... den Geist. Denn das Spiel ist nicht Stoff, worin auch immer sein Wesen bestehen mag. Schon in der Tierwelt durchbricht es die Schranken des physisch Existenten. Von einer determiniert gedachten Welt reiner Kraftwirkungen her betrachtet, ist es im vollsten Sinne des Wortes ein „Superabundans", etwas Überflüssiges. Erst durch das Einströmen des Geistes, der die absolute Determiniertheit aufhebt, wird das Vorhandensein des Spiels möglich, denkbar und begreiflich. Das Dasein des Spiels bestätigt immer wieder, und zwar im höchsten Sinne, den überlogischen Charakter unserer Situation im Kosmos. Die Tiere können spielen, also sind sie bereits mehr als mechanische Dinge. Wir spielen und wissen, dass wir spielen, also sind wir mehr als bloß vernünftige Wesen, denn das Spiel ist unvernünftig."[16] Das Spiel hebt, die, die es tun, auf eine je höhere, an sich aber unbestimmbare Ebene.

1948 hält Hugo Rahner auf einer Eranos-Tagung einen Vortrag, der 1952 in eine kleine Schrift „Der spielende Mensch" mündet.[17] In ihr trägt er eine Unzahl Belege aus Bibel, Patristik, Mittelalter und früher Neuzeit zu einer Theologie und Mystik des Spiels zusammen. Dass dies sich in einem Rahmen von aristotelischer Mitte und Maß, von platonischer Prästabilität und Harmonie abspielt, bar jeglicher intellektueller Sensibilität (i. e. Wahrnehmungsfähigkeit) für die Moderne – sei's drum. Das Material selbst ist spannend genug, also gegenwartsträchtig. Der antikchristliche Bedeutungsbogen veranlasst Rahner, Spiel als

„bedeutungsvoll" und „nicht-notwendig" zu bestimmen: exakt aus diesen zwei Bestimmungen bezieht das Spiel seine Charakteristik.[18]

Philosophisch ist Nicht-Notwendigkeit Bedingung von Freiheit; nur im Feld des Nicht-Notwendigen sind Alternativen möglich, das Andere, das Nein: Symptome von Freiheit, jene Existenz, die als im Gang durch den Nullpunkt der Unbestimmbarkeit konstituiert angesehen wird, wird als frei anerkannt; frei ist jene Existenz, die, bei welcher faktischen Genealogie auch immer, ihre Konstitutionsgründe im Unbedingten hat; der Grund von Freiheit ist abysmal. Wird der Freiheit noch die Bedeutung als Bestimmung beigeordnet, wie es in Rahners Definition des Spiels geschieht, wird mithin der Abgründigkeit der Freiheit eine Lexik, Semantik und Grammatik des Sinns eingetragen, entsteht das Lebendige als Bild, als Konstellation. Im Blick auf ihre Nicht-Notwendigkeit, ihre Un-Gegründetheit, zeigt sich das Prekäre dieser Konstellation; im Blick auf ihre freie Bedeutungsproduktivität das Kreatorische, ja Göttliche derselben Konstellation.

Nun hat Rahner Freiheit und Bedeutung, Fundierungspole des Lebendigen, als ‚Unnotwendiges' und ‚Sinnvolles' zu den Konstituenten des Spiels erklärt. Er führt Spiel und Lebendigkeit zusammen, indem er die höchsten göttlichen Akte der Ver-Lebendigung, Schöpfung und Gnade, als Spiel qualifiziert: „Spiel der Schöpfung"[19], „Spiel der Gnade"[20]. Das könnte als theologische Volte erscheinen, und ist es wohl auch, wenn er es nicht mit so vielen Zeugnissen der Theologiegeschichte untermauern und schmücken würde. Der Kreuzungspunkt, durch den alle Bezugnahmen aufs Spiel laufen, ist Spr 8,30, wo die „Chokma", die Weisheit, hymnisch davon singt, wie sie „als geliebtes Kind" beim Herrn ist und „vor ihm spielt allezeit". Aus der zuvor schon besungenen Schöpfungszeugenschaft der Sophia wird bereits jüdisch Schöpfungsmittlerschaft; über die Brücke des Logos-Begriffs, den bereits Philo von Alexandrien der „Chokma" beigelegt hat, wird christlich der Christus-Logos. Und nun spielt Gott selbst: in Schöpfung und Gnade. Damit wird die Heilsökonomie keineswegs an den Unernst verraten; sie wird vielmehr ins Licht einer heiteren Leichtigkeit getaucht: spielerisch, nämlich absolut ungezwungen, bringt Gott Leben aus Nichts hervor; und wenn der Ursprung, anders als nur ein Anfang in der Zeit, das prägt, was aus ihm folgt, ist der Welt auch etwas von dieser lichten Freiheit eingetragen, aus der sie kommt und die das Pfand ihrer Vollendung ist.

Und können doch solche Sätze nicht mehr als metaphysische Aussagen über den Ist-Stand der Welt durchgehen; allenfalls sind sie in der Spur des ersten biblischen Schöpfungsberichts prophetischer Einspruch gegen die normative Macht des Faktischen, dagegen, dass wahr sei, was jeweils jetzt der Fall ist.

Schon 1918 hat Romano Guardini in seiner Schrift „Vom Geist der Liturgie", eines der Manifeste der Liturgischen Bewegung, das Spiel so definiert, wie Huizinga und Rahner es dann nachvollziehen: „Das ist Spiel: ‚zweckfrei' sich ausströmendes, von der eigenen Fülle Besitz ergreifendes Leben, ‚sinnvoll' eben in seinem reinen Dasein".[21] Beachtlich ist, dass er beides, die Zweckfreiheit (oder die Nicht-Notwendigkeit) und die Bedeutungshaftigkeit, auf die Selbstbezüglichkeit bezieht: Das Spiel ist um seiner selbst willen da, hat seinen Zweck in sich selbst, und genau darin liegt seine Bedeutung. Entscheidend ist nun aber, dass – und wie – er die „Liturgie als Spiel" auffasst; ein ganzes Kapitel trägt dies als programmatischen Titel.[22] Freilich, auch der Liturgie ist eine Zweckdimension einge-

lagert, sind doch die Sakramente Werkzeuge der Gnaden-
vermittlung; ein Blick auf ihre Notspendung zeige aber, so
Guardini, dass dieser Zweck „auch in sehr vereinfachter
Form" erreicht werden könne:[23] Liturgie geht wesentlich,
ihrem Wesen nach, über solche verobjektivierbaren
Zweckbindungen hinaus.

Liturgie lässt sich demnach ohne Rekurs auf die Sakramente bestimmen: Sie „schafft eine rechtgebaute geistliche
Umgebung, damit die Seele sich darin auslebe. ... Die Liturgie schafft eine weite Welt voll reichen geistlichen Lebens und läßt die Seele sich darin bewegen und entfalten.
... Der Sinn der Liturgie ist der, daß die Seele vor Gott sei,
sich vor ihm ausströme, daß sie in seinem Leben, in der
heiligen Welt göttlicher Wirklichkeiten, Wahrheiten, Ge-
heimnisse und Zeichen lebe, und zwar ihr wahres, eigentliches, wirkliches Leben habe."[24] Inmitten der zitierten
Sätze steht dann die Aussage, dass die Liturgie „eigentlich
gar nicht um des Menschen, sondern um Gottes willen da
ist", und dass genau darin ihr „Selbstzweck" besteht[17]. In
mehreren Bewegungen einer anthropologischen Bestimmung der Liturgie umkreist Guardini die Aussage, dass
dieselbe Liturgie nicht um des Menschen, sondern um Gottes willen da sei, während zugleich – ungesagt – gilt, dass
Gott, um dessentwillen sie da sei, der Liturgie in einem
absoluten Sinn nicht bedarf.

Die Liturgie hat eine himmlische Widmung, aber eine
irdische Pragmatik. Ihre Identität ist ein Schweben – oder,
genauer, ein Flirren: lebendige Unruhe zwischen Himmel
und Erde, in die unentwegt das Himmels-(sky/heaven)-
Licht hineinspielt. Selten allerdings lässt die „gravitas"
der realen „perfomance" von Liturgie dies Schwirren spüren. Dennoch: Liturgie ist, mit einem Wort, pneumatisch.

Das „metaphysische Schweben" der Liturgie lässt sich

begreiflich machen, wird sie unter dem Aspekt der Kommunikation wahrgenommen: Die Feiernden singen, beten, halten inne. Sie loben und preisen, trauern und klagen, bitten und sagen Dank. Alles, was daran Kommunikation innerhalb der feiernden Gemeinde ist, ist doch nur ein Sammeln aller liturgischer Kommunikation und ihre Ausrichtung auf den einen Adressaten hin, dem sie gilt. Doch Gott braucht diese Kommunikation nicht. Er, der immer schon alles gibt, muss um nichts gebeten werden. Er braucht nicht Preis, nicht Lob noch Dank. Jede Klage, die vor ihn gebracht wird, ist bei ihm schon geborgen. Kurzum: Gott muss nichts mitgeteilt werden, er muss zu nichts bewegt werden. Was ist das aber für eine Kommunikation, die zwei ihrer wichtigsten Funktionen – Mitteilung, Bewirkung – enthoben ist?

Sie wird – wenn nicht verstehbar, so doch – anschaulich an einem Bildtyp christlicher Malerei. Dessen vielleicht schönstes Exemplar hat Giovanni Bellini gemalt (1505, San Zaccaria, Venedig). Zu sehen sind die thronende Madonna mit dem Kind, umgeben von vier Heiligen (samt einem musizierenden Engel). Es heißt, wie auch der ganze Bildtyp, *sacra conversazione*, Heilige Kommunikation. Nur ist es so, und das macht die Pointe des Bilds aus, dass keine der Figuren dabei gezeigt wird, dass sie kommuniziert. Sie sind einander nicht zugewandt, sondern stehen je für sich. Trotzdem trägt das Bild (und mit ihm viele andere) diesen Namen: heiliges Gespräch. Soll hier kein grober kunstgeschichtlicher Fehler oder Irrtum unterstellt werden, muss in eben dieser Spannung die Bildaussage gesehen werden: Das Bild präsentiert, was es nicht darstellen kann: eine Kommunikation, die nicht erst betrieben werden muss, sondern mühelos geschieht, befreit von allem Aufwand, von jeder Anstrengung. Kommunikation im

Stand der Gnade, die seit der scholastischen Theologie auch „zuvorkommend" genannt wird: *gratia praeveniens*.[25]

Als eine solche Kommunikation könnte Liturgie angesehen werden. Ihre Vollzüge geschehen, im Sinn des Spiels, ohne Zweck. Die Feiernden können sich als von allem Wollen, Müssen und Vermissen freigesprochen fühlen. Und in eben dieser Freiheit können sie sich ganz versenken ins Spiel der Liturgie. Sprechen können, ohne etwas sagen zu müssen. In solchem Gespräch kommen die Sprechenden selbst zum Tragen, als würden sie in ihrem freien Subjektsein ins Licht der Artikulation treten. Wie Guardini sagt: In der Liturgie kann die Seele sich ausleben, entfalten, ausströmen. Und das deswegen, weil es um sie hier gar nicht geht. Wenn in der Liturgie die Seele, das Subjekt, zu sich kommen kann, dann in bloßer Absichtslosigkeit. Liturgie als Vorgeschmack absoluter Kommunikation: deswegen heißt sie, die auf Erden gefeiert wird, himmlisch. „Keine Arbeit, sondern Spiel"[26]: Lichtes Schweben.

Ernste Schlussfolgerungen aus dem Spiel

Spiel und Ernst: „Als Kind war Lesen das Gleiche wie Sein, Spielen war das Gleiche wie Sein." Deswegen findet Luka Holmegaard das Wort „Spiel" eigentlich unangemessen für das, was es bezeichnet: Im Spiel geht es um einen tiefen Ernst.[27] Dem wollen die hier aus der „Liturgie als Spiel" gezogenen Schlussfolgerungen für Kirche und Glaubenssubjekt gerecht werden:

In der Leichtigkeit der Liturgie kann auch die Kirche selbstvergessen sich vollziehen und voll Vertrauen darauf, was da geschieht – das *opus operatum* – absehen von sich.

Ex opere operato, aus dem geschehenden Werk schöpfen: die Feier der Liturgie als ein Handeln, das nichts bewerkstelligen muss, das nicht einmal sich selbst aufwenden muss, sondern wie schon gelungen leicht von der Hand geht, im Schwung welchen Handelns niemand auf sich achten muss, im Schwung seliger Sorglosigkeit. Ich bin nicht entmündigt, vielmehr ermöglicht, erleichtert gar, wenn Gott wirkt in dem, was ich wohl mach.

So könnte die Kirche in der erratischen Dramatik der Gottesbeziehung des Menschen mit der Liturgie einen Pond bewegter Ruhe einrichten (sie tut es ja, wenn Liturgie nur so verstanden und vollzogen wird), in dem die Energie dieser Beziehung versammelt ist und das gesamte Volumen dieses Ponds von seinem abgründigen Grund bis hinauf zu seines Spiegels Oberfläche durchmisst, von der die, welche Liturgie feiern, sich gläubig getragen wissen können. Der dort involvierte Glaube ist weniger in seiner Erkenntnis- als in seiner Vertrauensdimension gefragt: als ein Vertrauen, das die *absconditas* Gottes nicht verdrängt, sondern einbezieht. Die Liturgie ist keine kirchliche Praxis der Handhabe des Heiligen, sondern eine Choreographie des Vertrauens angesichts des auch in seiner Präsenz bleibend verborgenen Gottes, eine Choreographie, durch die das Bedrohliche, das von jener Gottes-Spannung für die Menschen ausgehen kann, sich in Lebendigkeitsenergie zu verwandeln vermag.

Dieser Pond bewegter Ruhe, diese Choreographie des Vertrauens, könnte zur Basis der Erfahrung einer theonom getragenen – und nicht heteronom entfremdeten – Autonomie des Menschen werden. Damit ist das dahinter stehende Problem der rechten Bestimmung des Verhältnisses von Theonomie und Autonomie in der Gott-Mensch-Relation nicht gelöst, aber ein möglicher Ort der Erfahrung des

Ausgleichs zwischen göttlicher Bestimmung und Selbstbestimmung benannt, die einer theoretischen Klärung vo-
rausgeht. Dies setzt aber eines voraus und etwas anderes
frei:

Es setzt voraus, dass die Kirche diese Basis bloß einrich-
tet und verfügbar macht und über diesen Dienst hinaus
keinerlei *potestas* daraus für sich beansprucht, weder über
das Heilige noch gegenüber den Gläubigen. Jede Kontinui-
tätsfiktion von einer Begründung der kirchlichen Verfassung samt der dieser eingeschriebenen Macht hin zum Absoluten muss zerrissen werden. Eine Frei-Setzung der
Erfahrung eines Ausgleichs zwischen Theonomie und Autonomie ist die Liturgie nur, wenn dabei die Kirche sich
selbst vergisst. Nur dann kann das spirituelle Selbst sich
dieser Erfahrung überlassen, ohne Gefahr laufen zu müssen, in dieser vulneranten Selbst-Exponierung ekklesio-
systemisch übergriffig berührt, missbraucht, ausgebeutet
zu werden.

Es setzt frei die Phantasie einer zwangslos gelebten Autonomie.[28] Der Geist der Liturgie ist nicht normsetzend,
sondern frei gebend. Was wir, angeleitet durch die Liturgie,
vor Gott tragen, müssen wir ihm gar nicht vortragen. An
liturgischer Kommunikation, unter Einschluss des intimen
Gebets, gibt es nichts Zwingendes, keine Notwendigkeit.
Alltäglich müssen wir etwas mitteilen, etwas bewirken,
uns erklären …, wenn wir kommunizieren. All dieses Müssen fällt in liturgischer Kommunikation weg. Was in ihr
wir letztlich vortragen, sind bloß wir selbst. Ohne deswegen auf eine Beschäftigung mit uns selbst fixiert zu sein,
vollziehen bloß und frei wir uns selbst. Zwanglose Selbstbestimmung, frei von aller Egozentrik, möglich *coram
Deo*. Die Liturgie könnte zum Modell – zum Quelltext
oder *point of departure* – für von der Kirche in ihrer glo-

balen Dimension geförderte Kulturen der Selbstbestimmung werden. In Kulturen der Fremdbestimmung hat die Menschheit ihre bisherige Geschichte verbracht, die Religion, das Christentum, die Katholische Kirche haben Anteil daran. Und trotzdem ist auf dem Weg dieser Geschichte die Idee der Selbstbestimmung hervorgebracht worden. Die Ermächtigung des Menschen zu sich selbst ist aus dem heteronomen Megatrend der Menschheitsgeschichte geschöpft und gegen ihn geltend gemacht worden. Offensichtlich hat diese Geschichte Partikel von Emanzipation und Freiheit immer schon mit sich geführt, die aus ihrem Strom gewonnen, systematisch expliziert und prinzipiell geltend gemacht werden konnten.

Autonomie ist nicht nur das zentrale Prinzip im Selbstverständnis des Menschen der Moderne; Menschenrechte, Menschenwürde, Frauenrechte, Partizipation, Inklusion, Diversität ... – keines der normativ-emanzipativen Konzepte der Moderne kommt ohne das Prinzip der Selbstbestimmung aus. Aber all diese Konzepte, das Projekt Moderne insgesamt, drängen auf Realisation. Wie wird Autonomie gelebt? Wir wissen es noch nicht wirklich. In die Realisation drängende Entwürfe bedürfen lebensweltlicher Einbettungen; gelebtes Leben gibt es nicht formal, sondern nur in konkreter Materialität und in Texturen der Bedeutung: in materialer Semantik. Kurzum, es braucht *Kulturen der Autonomie*, um Selbstbestimmung lebendig werden zu lassen, um selbstbestimmt leben zu können. Wir haben diese Kulturen eigentlich noch nicht ausgebildet, wir haben noch keine nachhaltigen Erfahrungen mit einem Leben in Kulturen der Autonomie machen können; die zweihundertfünfzig Jahre seit dem Anbrechen der Aufklärung sind im Maßstab der Menschheitsgeschichte ein Augenblick. Weil kulturell noch nicht signifikant eingespurt, ist Autonomie auch so angreifbar. Das Normativ der Autonomie wird mal der Überforderung der Menschen in ihrer realen Lebenssituation geziehen, mal als Ausdruck narzisstischer Selbstüberhebung des Menschen gescholten. Solche Kritiken sind fadenscheinig und lassen das Interesse an systemischer Heteronomie zur Legitimation von Herrschaft und Ausbeutung durchscheinen.

Während ein Leben in der Selbstverständlichkeit autonomer Bestimmung wünschenswert wäre, ist gar nicht klar, wie es aussehen könnte. Wie verbindet subjektive Selbstbestimmung sich mit der unabweisbar notwendigen Sozialität menschlicher Existenz; wie unterscheidet Subjektivität sich von blankem Konsumismus; wie geht eigentlich Ich-Sein im Kontext der Welt; und was heißt das alles im Horizont Gottes? Aus der Feier der Liturgie konnte die Idee einer *Selbst-Bestimmung in Selbst-Vergessenheit* gewonnen werden, die Idee, dass Autonomie nicht zusammenfällt mit der Sorge um sich, sondern erst uneingeschränkt zur Geltung kommen kann, wenn diese ihre Notwendigkeit verloren hat. Doch wird solche Negativität vielleicht nur aus der Positivität schöpfen können, die sich religiösem Glauben erschließt. Warum sollte die Kirche sich nicht aufmachen können, vom Fest der Liturgie aus Kulturen der Autonomie in Richtung jenes doch einigermaßen ätherischen Ideals einer sorglosen Selbstbestimmung zu entwerfen?

Anmerkungen

1 So die Definition von *safe space* in der online-Version des Merriam Webster (https://www.merriam-webster.com/dictionary/safe%20space; zuletzt eingesehen am 19/V/2023).

2 Stammt das *safe space*-Konzept doch aus der LGTB-Bewegung.

3 *eikon tou theou*; 2Kor 4,4.

4 Hebr 1,3.

5 *eikon tou theou tou aoratou*; Kol 1,15.

6 In der Schrift *De servo arbitrio* („Vom Sklavenwillen des Menschen") von 1525.

7 Gerhard Ebeling, *Dogmatik des christlichen Glaubens I*, Tübingen 1979, 256 f.

8 Zweites Vatikanisches Konzil, Dogmatische Konstitution über die Kirche *Lumen gentium*, 8.

9 Vgl. Friedrich Schiller, *Über die ästhetische Erziehung des Menschen*, vgl. v. a. den sechsten Brief.

10 Vgl. ebd., vierzehnter Brief.

11 Immanuel Kant, *Kritik der Urteilskraft*, § 9.

12 Vgl. Walter Schulz, *Metaphysik des Schwebens, Untersuchungen zur Geschichte der Ästhetik*, Stuttgart 2003.

13 Friedrich Schiller, *Über die ästhetische Erziehung des Menschen* [1795], Frankfurt 2009, 64.

14 Vgl. Johan Huizinga, *Homo ludens*, Köln u. a. ³1949.

15 A. a. O., 344.

16 A. a. O., 5 f.

17 Vgl. Hugo Rahner, *Der spielende Mensch*, Einsiedeln ⁸1978.

18 Vgl. a. a. O., 44.

19 A. a. O., 25.

20 A. a. O., 44.

21 Romano Guardini, *Vom Geist der Liturgie*, Ostfildern/Paderborn ²⁴2018, 63 f.

22 Vgl. a. a. O., 57–67.

[23]   A. a. O., 61.

[24]   A. a. O., 61 f.

[25]   Vgl. zum ganzen ausführlicher Knut Wenzel, *Die Wucht des Undarstellbaren. Bildkulturen des Christentums*, Freiburg 2019, 192–200.

[26]   Romano Guardini, *Vom Geist der Liturgie*, Ostfildern/Paderborn [24]2018, 65.

[27]   Luka Holmegaard, *Look. Lesarten*, Berlin 2022, 44.

[28]   Die Schlussüberlegungen nehmen einen ersten Entwurf wieder auf, den ich am Schluss meiner Fundamentaltheologie zu „Autonomie-Kulturen" skizziert habe: *Subjekt und Kirche. Autonomie-Kulturen: Die Kirche vor den Herausforderungen einer globalisierten Moderne*, in: Knut Wenzel, *Offenbarung – Text – Subjekt. Grundlegungen der Fundamentaltheologie*, Freiburg 2016, 142–159.

Nachwort

Johanna Murmann und Mario Adam danke ich für das gründliche Korrekturlesen. Jessica Katharina Lust und Nils Richber bin ich dankbar für eingehende inhaltsbezogene Lektüren. Dem Verlag Herder danke ich für die Aufnahme des Buchs in das Verlagsprogramm; Stephan Weber und Bruno Steimer haben das Manuskript betreut und es zum Buch werden lassen, dafür mein herzlicher Dank. Dewi-Maria Suharjanto bin ich besonders dankbar für eingehende Gespräche im Zusammenhang der Entstehung des Manuskripts.

Erste Fassungen einiger Abschnitte sind an folgenden Orten erschienen: Kapitel I in: Frankfurter Rundschau, Nr. 191, 18. August 2020, 26 f.; Kapitel II in: feinschwarz. Theologisches Feuilleton, 20./21. Oktober 2022; Kapitel IV in: Katechetische Blätter 136 (2011), 15–21; „Lichtes Schweben – Liturgie als Spiel" in: Eulenfisch 1/2021, 32–39.